娘と話す、

からだ・こころ・性のこと

高尾美穂

朝日新聞出版

はじめに

ここ数年、世の中では自分の困りごとについて語りやすくなったように感じませんか?

メディアでも生理や更年期の話題を取り上げていただけるようになり、特に、ホルモンの変動がかかわる不調に関しては、生理が順調にくる年代においても、生理がだんだんばらついてくる更年期世代においても、起こりうる不調、それらに対する対策方法、周りの理解の必要性など、必要な情報が届きやすくなったように感じています。

患者さんからそうした「困りごと」を聞いたとき、私がメインの活動場所にしている婦人科の診察室においては、からだの不調について検査等で異常を指摘することができ、治療方針が定まって、いずれは快方に向かう、そんな方々もたくさんいらっしゃいます。

一方で、からだだけでなくこころにも不調を感じ、それらがはっきりとした異常データ、異常値として現れてこないケースもあります。こうしたことは、特に女性において少なくありません。決して特別なことではなく、人生における自然な流れの中で起きてくるものなのです。

そんな方たちの不調の原因が、からだの働き＝機能にはなく、こころの状態が影響しているかもしれないと気づいても、婦人科の診察室ですべてを解決するのは時間的にも無理なこと。心のどこかでそう諦めていた私に、新しい展開を生んでくれたのが、コロナ禍に続けてきた音声のＳＮＳ『高尾美穂からのリアルボイス』でした。

診察室では受け止めきれないみなさんの心のうちを、ＳＮＳを通して知る。そんななかで、女性のリアルな悩みにたくさん触れることができました。

男性が社会で働くなかでこころの不調に陥ったとき、その理由は身体的な疾患、次に経済的な課題、そして職場などにおける人間関係が多いとされています。

一方で、女性がこころの不調を感じる際に、男性と同様の背景が見られるかといえば、そうともいえないことに気がつきます。仕事関係の悩みももちろんありうるけれど、義理の親との関係性、パートナーとの関係性、子どもとの関係性、そこにかかわる経済的な課題、繋がりの問題、それぞれの健康問題、そして自身の健康課題などなど。男性が、女性にほぼ一任してきた日常生活に近い課題が、女性がこころの調子を崩す理由になりうるわけです。

『リアルボイス』を通して、みなさんと一緒に女性にとっての課題を深掘りしていくなかで、娘との関係がうまくいっていない、他の家では友だち同士みたいな母娘もいるのに「お母さんうざい」と言われてしまう、そんな母娘関係がこころの負担になっていることに気づいたりもします。

母と娘、その関係性はもちろん親と子であり、親子関係の悩みとしてグループ分けすることができます。しかし、父と娘、父と息子とはまた一つ異なる、悩み多き関係性といえるわけです。

今回、朝日新聞出版の森さんとご縁をいただき、「母と娘」という関係性を通して女性の幸せを考える機会を得ました。

母が娘を思う気持ちは自然なものです。しかしその気持ちが屈折したかたちで娘に届いてしまうことで、関係性が望んでいないほうへ変化してしまうケースもあります。

母を拒否していると感じられた娘からの言葉は、母への素直な気持ちではなかったりもする。近いからこそ、ねじれた気持ちをぶつけ合っていることもあるように感じます。

母にももともと娘だったころがあり、娘もいずれ母になることがあります。お互いが、ひと世代分年齢が違う女性同士だからこそ、世代を超えて知っておくと良いこと、知っておくことでお互いの関係性が良くなることを、いろんな世代の、いろんな立場のみなさんへお届けできたらと願っています。

また、娘がいる・いないにかかわらず、大人になった女性が自分の人生の来し方や行く末を考えたり、母親とのことをふりかえったり、男性がパートナーや娘について知るきっかけにしていただけたら、なお、うれしいです。

２０２３年夏　　高尾美穂

もくじ

Chapter.3 20年前とは劇的に変化。「生理について」をアップデートしなきゃ。

Chapter.4 お母さんには言いづらい。でも、気づいてほしい。

Chapter.5 人生を、まず自分で守るために。セックスとHPVを語り合おう。

Chapter.6 そもそも、子どもを産むって、どんなこと？

付録

ブックデザイン／鈴木千佳子
編集協力／長瀬千雅
図版制作／朝日新聞メディアプロダクション
校閲／くすのき舎
写真／東川哲也（朝日新聞出版写真映像部）

Chapter.
1

女性の
二大ピンチ到来！
このチャンスに
話そうよ。

子どもの思春期と母の更年期、重なる家庭が増えています

産婦人科には、さまざまな女性がいらっしゃいます。私はこれまで、10代から閉経後の方まで、もちろん妊婦さんも含め、女性のあらゆるライフステージに医療の側面からかかわってきました。

この数十年で、女性のライフコースは大きく変化しました。一番大きな変化は出産年齢です。

以前、小学校のPTAの講演中に気づいたことがありました。小学生のお母さんといえば、すごく若い方だというイメージを持っていたのですが、最近はアラフォーで出産する方もめずらしくありません。仮に35歳で産んだとすると、子どもが小学校高学年になるころ、お母さんは40代後半なんですよね。

小学校高学年といえば思春期を迎えるころです。一方、40代後半は更年期に差し掛かる年代であり、どちらも、女性としてのからだが変化して、こころも大きく揺さぶられる時期です。

つまり、**『小学生の子どものいる家庭』とは、『家庭の中に不安定なこころを抱えた人が少なくとも二人いる状態』**かもしれない」と、いえるわけです。

しかも、お母さん世代が成長期、思春期だったころと今とでは、世の中は大きく様変わりしています。

女性の性や生殖に関する医療は格段に進化しました。出産年齢の高齢化も、進化した医療技術に支えられているといえます。それと並行するように、女性だって家庭を「守る」役割に縛られることなく、自分のやりたいことを実現させたり、家庭の外で働き、社会とかかわりながら生きていく道を選んだりと、かつての社会が決めた「女性はこうあるべき」という枠組みにとらわれる必要はない、という考えが一般的になってきています。

とはいえ、社会にはいまだジェンダー格差が存在していて、平等や公平を目指していくべきだとか、セクシュアリティーは多様なもので、お互いに尊重し合うことが大切だという考え方が、日本でも広く知られるようになりました。

現在の思春期の子どもは、そうした最新の医療や、ジェンダーやセクシュアリティーにまつわるさまざまな価値観が当たり前にある時代を生きていくわけです。

女性たちは、母であり妻であり、働く人であり、自分の親との関係では娘であったりと、いくつもの立場をかけ持ちしながら、せわしなく日々を送っています。思春期世代だって、家族との関係や学校での人間関係、部活動やそのほかのさまざまな活動を通して、十分に社会とかかわりながら生きています。その意味では、男性だから、女性だから、と違いを口にすることはナンセンスになるかもしれません。

一方で、一生を通して、女性のからだは男性よりも揺らぎが大きく、大きな波と小さな波が繰り返しやってきます。その大きな波の代表が、思春期と更年期なのです。女性のからだとこころの変化は複雑に見えるかもしれませんが、難しくはありません。意外なほどシンプルだったりします。

年代を問わず一番大事なのは、**「自分の人生だから、自分で決める」**こと。ただ、これが簡単にはいかないのも、また真実なんですよね。

一つ確実にいえることは、いろんな悩みがあったとしても、「自分なりに幸せな人生を送れている」と感じられるかどうかには、家族やまわりの人たちとの関係性がとても重要だということです。

大きな波はときにからだとこころを揺さぶって、私たちをピンチに出合わせますが、うまく乗りこなすことはできるはず。そのためのヒントを一緒に考えていきましょう。

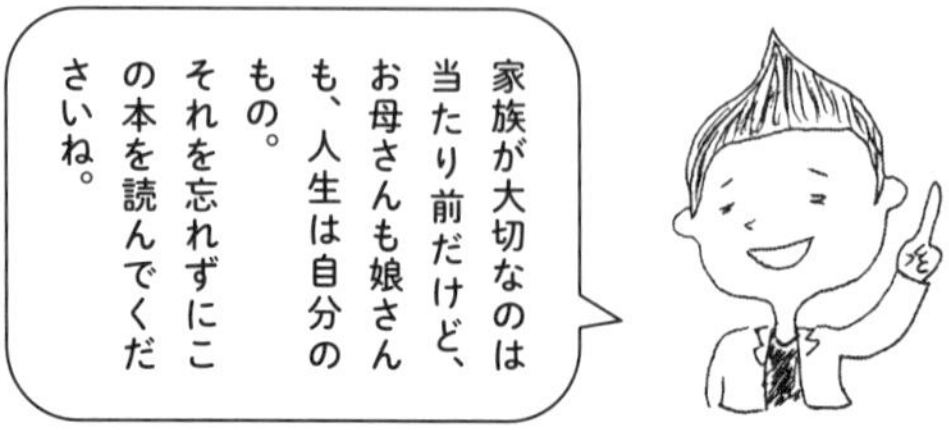
家族が大切なのは当たり前だけど、お母さんも娘さんも、人生は自分のもの。それを忘れずにこの本を読んでくださいね。

初潮を迎えるあなたと、からだで起きていることを話そう

思春期と更年期。どちらも女性にとって大きな変化の時期ですが、からだとこころの浮き沈みはなぜ起こるのか。そこには、女性ホルモンの変動が大きくかかわっています。

思春期において、女の子のからだはより女性らしく変化していきます。おっぱいがふくらみ、おしりも大きくなり、脂肪の量が増え丸みをおびます。これらのからだつきの変化を迎えてから、もっともセンセーショナルなできごとともいえる初潮（最初の生理）[*1]がやってきます。

初めての生理よりもからだつきの変化を先に経験しているからこそ、そのあとにどんな変化が起こるのか、あらかじめ伝えることができるわけです。からだつきの変化がはじまったら、**これから起こる変化、つまり初潮について、あなたから娘さんに少しずつ話す機会をもっていただけるといいですね。**

【＊1】「月経」と「生理」は同じ意味です。医学的には「月経」を使うのですが、本書では読者のみなさんがふだん使い慣れている「生理」を主に使用しています。

では、なぜ生理は起こるのでしょう？

生理をシンプルに説明すると……。

まず、卵巣からエストロゲンが分泌されて、分泌がピークに達すると排卵が起こります。すると、プロゲステロンが分泌されて、次第に厚くなってきた子宮内膜——受精卵のベッドになるもの——が妊娠に適した状態に整えられます。しかし、妊娠が成立しなかった場合、準備していた子宮内膜は使われることなく、子宮内膜がはがれる際に出る血液と一緒に排出されます。これが生理です（図1－1）。

エストロゲンとプロゲステロン[*2]は、どちらも女性ホルモンです。そして、からだつきが丸くなることと初潮を迎えることは、いずれもこの二つのホルモンの作用による変化であって、切っても切り離せない関係があるのです。

そもそも、エストロゲンが分泌されなければ、生理は起こりません。

では、エストロゲンをつくるのに何が必要かというと、コレステロールです。コレステロールは脂質（脂肪）です。つまり、ある程度の脂肪がないと、エストロゲンが分泌されないわけです。

小学校高学年（10～12歳）あたりで初潮がくるためには、脂肪量が増えてからだが丸みをおびてくることが必要です。なぜなら、脂肪細胞から分泌されるホルモンが、

【＊2】 エストロゲンは「卵胞《らんぽう》ホルモン」、プロゲステロンは「黄体《おうたい》ホルモン」とも呼ばれます。主に、エストロゲンは、妊娠の準備をしたり、「女性らしい」からだをつくる作用があり、プロゲステロンは、妊娠を維持させる役割があります。

図１－１　生理にともなう子宮内膜の変化

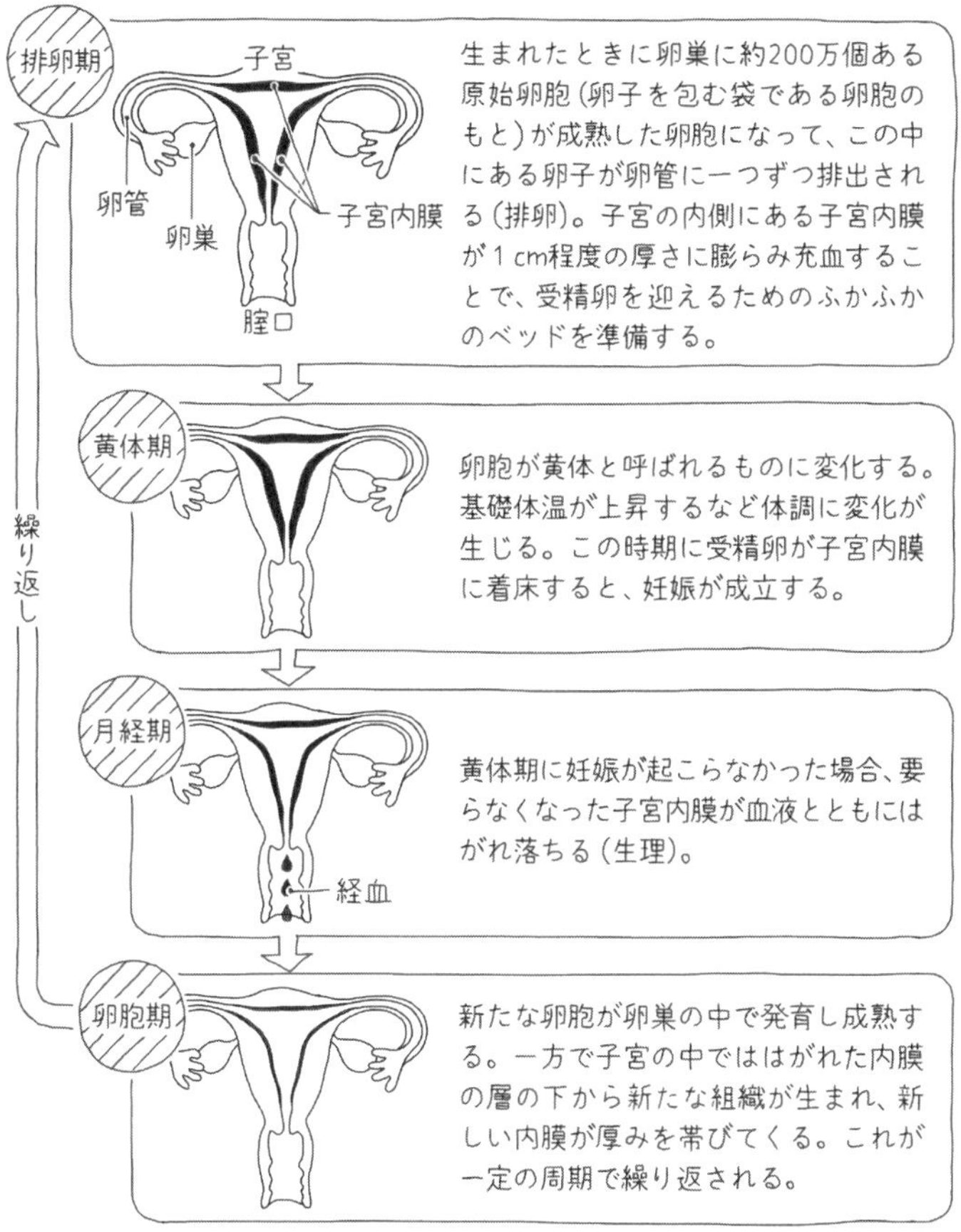

排卵期
子宮
卵管
卵巣
子宮内膜
膣口
生まれたときに卵巣に約200万個ある原始卵胞（卵子を包む袋である卵胞のもと）が成熟した卵胞になって、この中にある卵子が卵管に一つずつ排出される（排卵）。子宮の内側にある子宮内膜が1cm程度の厚さに膨らみ充血することで、受精卵を迎えるためのふかふかのベッドを準備する。
黄体期
卵胞が黄体と呼ばれるものに変化する。基礎体温が上昇するなど体調に変化が生じる。この時期に受精卵が子宮内膜に着床すると、妊娠が成立する。
月経期
経血
黄体期に妊娠が起こらなかった場合、要らなくなった子宮内膜が血液とともにはがれ落ちる（生理）。
卵胞期
新たな卵胞が卵巣の中で発育し成熟する。一方で子宮の中でははがれた内膜の層の下から新たな組織が生まれ、新しい内膜が厚みを帯びてくる。これが一定の周期で繰り返される。
繰り返し

卵巣の働きをスタートさせるからです。

からだが成熟しきっていないうちは、エストロゲンの分泌量が安定しないために月経周期が不規則だったり、重い生理痛を経験したりすることがあります。そのほかにも、生理前にイライラしたり落ち込んだりといった月経前症候群（ＰＭＳ）があらわれることもあります。

年齢を重ねていくと、自分はどういう症状が出やすいタイプなのかがだんだん把握できて、限度はあるものの、それなりに自分で対処できるようになりますが、10代のうちはなかなかそうはいきません。

思春期はからだの変化に加えて、こころも成長する時期です。からだの成長とこころの発達がかみあわずイライラしたり、自分では大人だと思っているのに周囲に子ども扱いされて不満を抱いたりということもよくあるそうです。

この時期に伝えたい情報は二つ。**はじめての生理（初潮）という、女の子にとって強烈なインパクトのあるできごとがおとずれること**、そして、**生理がくるということは、エストロゲンがきちんと分泌されていて、あるべきからだの成長のみちすじに正しく乗っかっているということ**です。まずはこのことを思春期まっただなかの娘さんに、ある程度知ってもらうことが大事です。自分のからだの内側でどんな変化が起きているのかを知ることで、不安を減らすことができるはずです。

生理不順や無月経でもあわてないで

「小学校高学年ぐらいになると初潮がくる」とお話ししましたが、初潮年齢は人によってばらつきがあります。中学生で初潮を迎える人もめずらしくありません。

それが、15歳をすぎてもはじめての生理がこないと「ちょっと遅いかな」となり、18歳をすぎても生理がこない場合は「原発性無月経」と呼ばれます。

では、無月経だと何が問題なのでしょう。

じつは、出血がないことそのものが問題なのではありません。生理の出血はいわば二次的な産物です。では何の産物かといえば、「卵巣からエストロゲンが分泌されること」です。つまり、**無月経の問題点は、エストロゲンが十分に分泌されていないことであり、そのために必要なエネルギーが摂取されていないこと**なのです。

私は婦人科のスポーツドクターとして女性アスリートのサポートをしていますが、

10代の女性アスリートが厳しいトレーニングをして生理が止まってしまうとか、高校生になっても初潮がこないといった無月経にまつわる課題は少なくありません。

生理がくるべき年代にこないのは、成長期の女性にとって望ましくない状態です。エストロゲンには、排卵をうながすほかにも、骨の代謝に影響して骨を強く保ったり、コラーゲンの産生をうながして肌の弾力やうるおいを保ったりする働きがあります。エストロゲンが失われると骨がもろくなることから、女性アスリートはエストロゲンがある状態で競技を続けるのが望ましいです。

実際にジュニアアスリート本人や保護者から相談を受けたときは、生理のない状態を長期間（3カ月以上）放置せず、婦人科を受診するようアドバイスしています。また、**15歳をすぎても初潮がこなかったら、一度婦人科を受診してくださいと伝えています。**

多くの娘さんは習慣的に運動をしているかもしれませんが、本格的な競技生活を送っているわけではないと思いますので、そこまで切羽詰まった心配をする必要はないかもしれません。

例えば、初潮はきたけれども生理のサイクルが安定しない、次の生理がくるまでに数カ月あいてしまう、逆に早くきてしまうといった場合は、エストロゲンの分泌はある程度保たれているとみることができますので、「今すぐ婦人科にかからなきゃ！」という状態ではないと考えて良いでしょう。

ただし、初潮から数年経っても生理不順が続く場合は、婦人科受診を検討されるといいかもしれません。

一方、からだは十分に成長しているのに、18歳をすぎても初潮がない場合は、エストロゲンの分泌がない（少ない）ために生理がこないのか、エストロゲンは十分分泌されているのに生理がこないのかを判断する必要が出てきます。

それぞれ対策・方法は異なるため、婦人科を受診し、アドバイスを受けてください。

女性のからだをつかさどる二つの女性ホルモン

私たち女性にとって、生理がくるのは、12歳ぐらいから50歳ぐらいまでの約40年間です。そのうち、はじめての生理がきてからの数年間は思春期にあたり、閉経に向かう数年間は更年期と重なります。

女性のからだの変化を考えたときに、女性ホルモンの二種類のサイクルをイメージしてみると、とらえやすくなるかもしれません。

一つは、人生全体を眺めてみたときの、大きな波です。

思春期になると徐々にエストロゲンの分泌が増えてきて、20代でピークを迎えて安定し、50歳に向かって減少していく、いわばもっともダイナミックな変化です（図1－2）。

そして、もう一つは、おおよそ1カ月ごとのサイクルです（図1－3）。

思春期と更年期にはさまれた、エストロゲンが安定して定期的に分泌されている期間のことを「性成熟期」と言い、そのあいだはおおよそ1カ月ごとに月経周期が繰り返されます。

多量のエストロゲンが分泌されると排卵が起こり、その後エストロゲンの分泌量が減少していくとともに、それと入れ替わるようにして妊娠を維持する役割を担うプロゲステロンの分泌が増加していきます。妊娠が成立しなければ、これらが分泌されなくなって、また生理がやってきます。その後再びエストロゲンの分泌が増加し……という具合に繰り返されます。

通常は、25日から38日に一回、生理がくるのが正常なサイクルとされています。

図1－2　女性の一生における女性ホルモン分泌量の変化

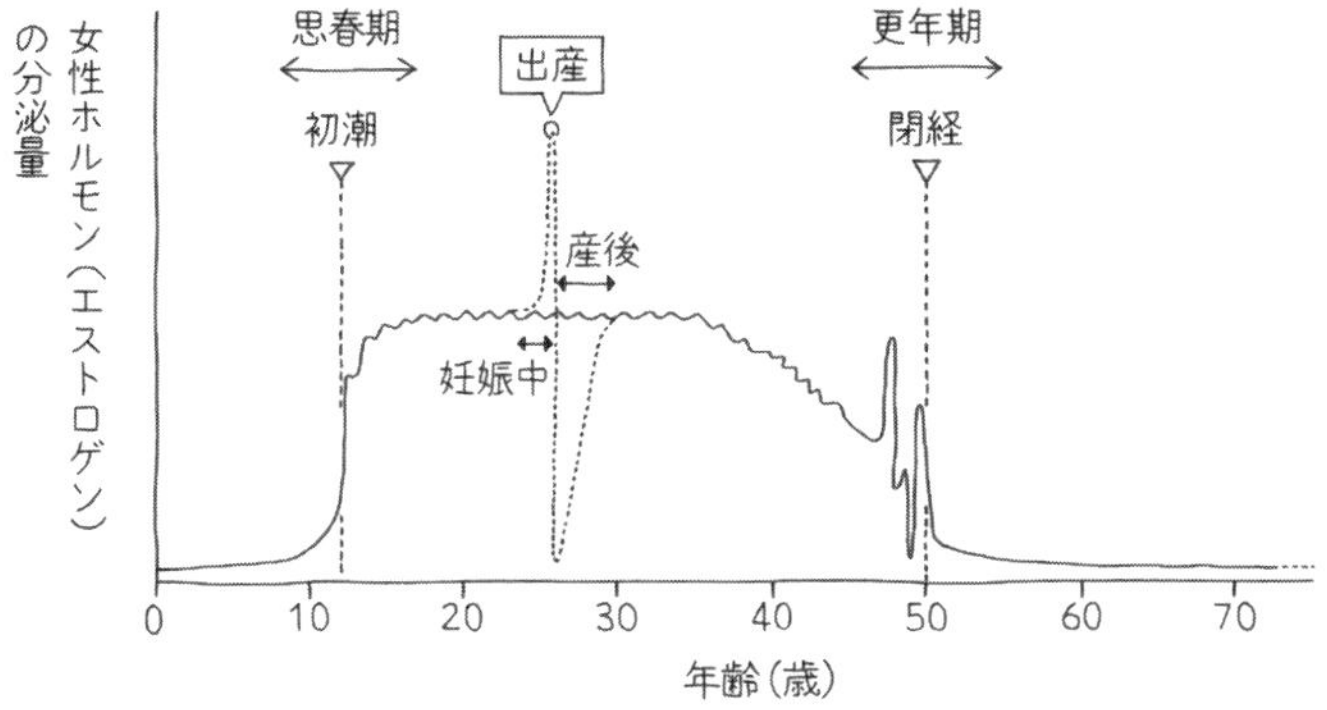

図1－3　月経周期と女性ホルモン分泌量の変化

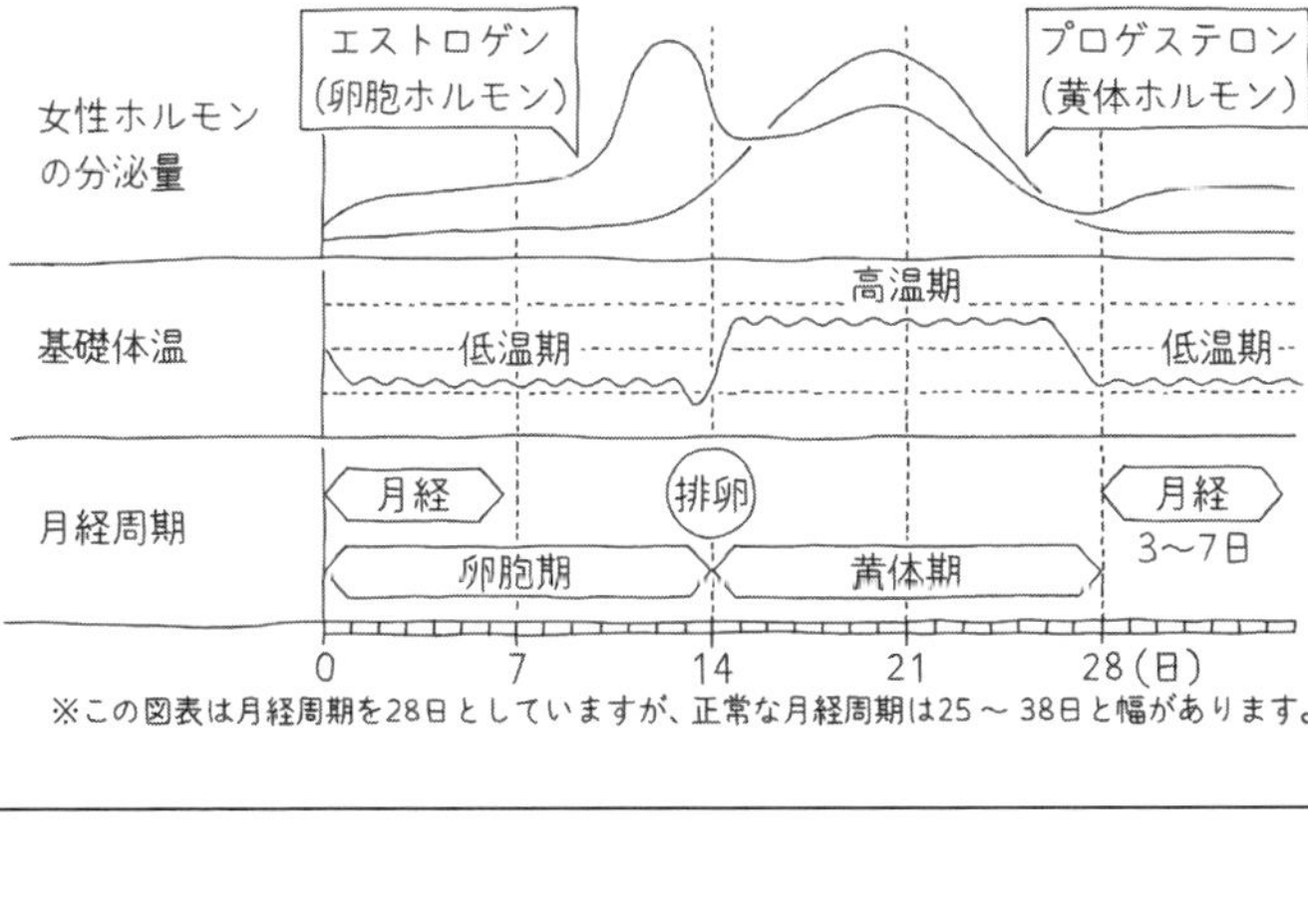

※この図表は月経周期を28日としていますが、正常な月経周期は25〜38日と幅があります。

それに加えてじつはもう一つ、妊娠・出産という女性にとっての大きなライフイベントもまた、女性ホルモンの大波にさらされる時期といっていいでしょう。

妊娠するとプロゲステロンもエストロゲンも増加し、赤ちゃんが生まれると急激に減少します。そして、そのまま女性ホルモンの分泌がほとんどない期間が、次の生理が戻ってくるまで続くのです。


このように女性ホルモンは、人生全体で見ても大きな変動がありますし、順調に分泌されている年代においても細かな波があります。さらに妊娠から出産、産後の変化は図1－2をご覧いただくと一目瞭然です。

つまり、**からだの中の女性ホルモンの値は、時々刻々と変化している。**ですので、昨日と今日で気分が違っていたり、気持ちの浮き沈みがあったりすることは、全然おかしくないわけなのです。

Chapter. 2

知らないうちに
働いてくれている？
女性ホルモンの
〝ふるまい〟
を観察！

みんなが気になる女性ホルモンの疑問

女性ホルモンについてよく聞かれる質問があるので、ここでちょっと考えてみましょう。

Q. 恋をすると女性ホルモンがアップするというのは本当ですか？

これは、女性ホルモンをいわゆるフェロモンのようなものと勘違いされているのかもしれませんね。

女性ホルモンであるエストロゲンの分泌は、残念ながら恋愛感情にはまったく左右されません。恋をしていようがしていなかろうが、卵巣からエストロゲンが分泌されて排卵が起き、妊娠しなければ生理がくるというサイクルは粛々とまわっていきます。

ちなみに、ハグしたり人と触れ合ったりすることで、脳の下垂体から分泌されるオキシトシンというホルモンが増えることが知られています。こちらは「愛情ホルモン」と呼ばれるように、安心感を感じさせてくれるホルモンです。

Q. 女性ホルモンは自分で増やすことができますか？

サプリメントや食品などで「女性ホルモンをアップさせる」とうたうものがあるために、こういった疑問が出てくるのかなと思います。

そもそもエストロゲンは主に卵巣から分泌されています。ですから、卵巣の機能を高めなければホルモンの分泌量は増えないわけです。

では卵巣の機能を高めるにはどうしたらいいかというと、残念ながら私たちは、いくら努力しても卵巣機能を高めることはできません。卵巣は、私たちの意志とは無関係に脳の視床下部の命令を受け取って、エストロゲンの分泌量を増やしたり減らしたりしているからです。

何かを足すことによって女性ホルモンを増やすことができるとしたら、合成エストロゲンと呼ばれるような、お薬としてのエストロゲン製剤です。これは婦人科などで処方される薬剤です。

それ以外ですと、エストロゲンに似た作用をするものとして大豆イソフラボンからつくられるエクオールがあります。しかし、これらはあくまでも補助的なものです。

逆に、卵巣機能を下げる原因は、喫煙習慣、極端な食生活、運動不足があげられます。また、強いストレスも卵巣機能を下げる理由になりえます。視床下部はストレスに反応しますから、一時的だとしてもものすごく強いストレスがかかったり、慢性的にストレスが続いたりすることが、女性のからだのサイクルにとって望ましくないのは間違いありません。

更年期の始まりと閉経のパターン

思春期を迎えたばかりの女の子にとって、更年期はずっと先のことで、他人ごとかもしれません。でも、女性として生きていれば、誰でもほぼ必ず更年期を経験することになります。

また、お母さんの世代にとっては、せまりくる更年期は生まれてはじめての経験であり、未知の世界です。更年期の波をなるべく穏やかに乗り越えていくためには、自分が更年期について理解するだけでなく、家族のメンバーにも更年期とはどういうものかをある程度知ってもらうことが、とても大事になってきます。

「更年期はいつから始まりますか？」とよく聞かれます。**じつは、更年期の始まりは、あとになってみないとわかりません。というのも、更年期は「閉経の前後5年、合わせて10年間」と定義されているからです。つまり、閉経を迎えてみないと、いつから更年期が始まっていたかはわからないわけです。**

では、いったいいつをもって「閉経した」というのでしょう。

医学的には、最後の生理を迎えてから12カ月間生理がこなかったとき、最後の生理がきた年齢を「閉経年齢」と呼びます。ですから、あれが最後だったのかな、まだくるのかなと、自分でもよくわからない期間があるというわけです。

閉経を迎える平均年齢は、日本人女性では50・5歳ですが、個人差が大きく、40代前半で閉経を迎える人もいれば、50代半ばまで生理が続く人もいます。したがって、女性の更年期の平均は45～55歳、もう少し広く見積もって40～60歳あたりが更年期となります。

また、生理がどんなふうに終わっていくかは十人十色ですが、いくつかのパターンに分けられますので、ここで少し紹介します。

まず、生理の際に膣から排出される血液とはがれ落ちた子宮内膜、つまり経血の量がだんだんと減っていき、生理と次の生理の間隔が短くなったあとに、今度はその間隔が広がっていくパターンです。イメージとしては、少しずつ勢いが弱まっていくような感じ。このタイプが一番悩みの少ない閉経のしかたといえるかもしれません。

経血量が少なくなるのは、エストロゲンとプロゲステロンの分泌量が減って、「赤ちゃんのベッド」である子宮内膜がそれほど厚くならず、結果として排出される量も少なくなるからであり、とても自然なことです。

間隔についても、排卵が起きる頻度が減れば、生理の間隔もあいていきます。そうやって、気がついたら閉経していたというのがトラブルも少なく、平和なパターンといえます。

人によっては、しばらくこないなあと思ったら、最後に一回、爆発的な出血があって、それがラストというパターンもあります。

なぜ経血の量が多くなるのかといえば、子宮内膜がある程度準備されたものの、使う見込みがないため手放しなさいというスイッチが押されないまま貯められていたものが一気に出ていく、と考えると理解しやすいでしょう。いつくるかわからないのに、いざきたら経血量が多い生理は、日常生活を送る上でとても困ることですよね。

また別のパターンでいえば、それまでよりも月経周期が短くなって、例えば、23日ぐらいでトントンときているなと思ったら、あるときパタッと止まる方もいらっしゃいます。こういったタイプの方は非常にラッキーですね。

ほかにも、生理が月に2回くるとか、2週間以上も続くとか、生理の終わり際は人によって本当にさまざまです。

40代半ばをすぎて、順調に生理がきていたときと比べて、月経周期が不順になってきたり、経血量が多くなったり少なくなったりしたら、更年期に差し掛かっているサインと見ていいでしょう。裏返せば、月経周期が安定していれば卵巣機能が維持されているといえます。

気をつけなければいけないのは、更年期で月経周期が乱れているのか、**何かほかの原因で出血しているのかはなかなか見分けにくい**ということです。おかしいなと思ったら婦人科を受診してください。いくつか検査した結果、「更年期だからですね」ということになれば、それでいいわけですから。

「イマイチな状態」、我慢しないで

更年期というと、なんとなくからだの調子もこころの調子もよくなくて、「イマイチな状態」が続く時期というイメージがあると思います。

私たちが更年期を迎える前に、更年期について学ぶ機会はほとんどありません。自分でわざわざ調べたり、なんらかの理由で婦人科にかかったときにたまたま聞いたりしなければ、それとは気づかないまま、この時期に突入していきます。

問題がなければそれでもいいのかもしれませんが、「転ばぬ先の知恵」として、できれば前もって知っておいていただくことが望ましい。何か困ったことが起きてから対応するよりも、起こりうることをあらかじめ知り、対処法を持っておくほうが、将来の困りごとを減らせるからです。

更年期にある女性が経験するさまざまな不調を「更年期症状」と呼びます。大量の汗をかく、ほてる、手足が冷える、肩がこる、眠れないなど、多種多様な症状が見ら

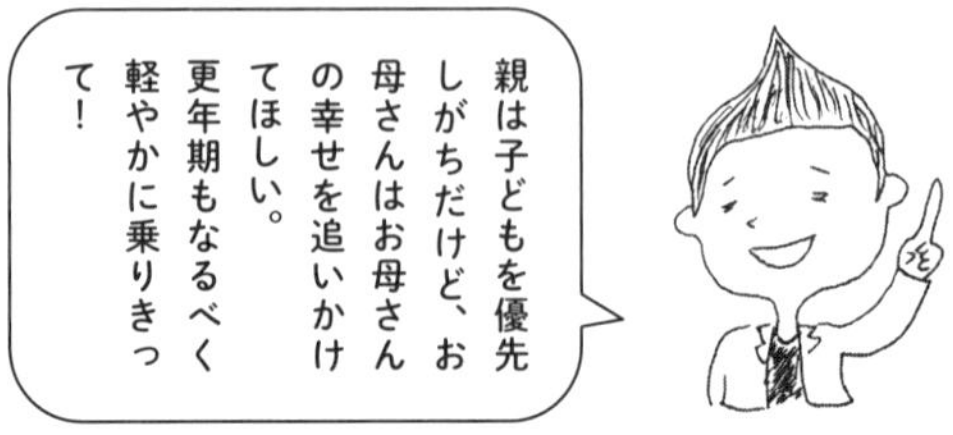
親は子どもを優先しがちだけど、お母さんはお母さんの幸せを追いかけてほしい。更年期もなるべく軽やかに乗りきって！

れます。しかし、すべての更年期女性が不調を経験するわけではないことがわかっています。

こういった症状を経験する女性の割合は約6割。残りの4割は、生理がバラついてきたとか、生理がこなくなったという月経周期の変化以外には、特に困ることもなくすごせるわけです。

また、治療をしないとつらいなど、生活に支障が出る状態を「更年期障害」といい、更年期世代の女性の3割弱が相当します。

「更年期」「更年期症状」「更年期障害」は、それぞれ別々のことがらを指します。「更年期」は、その時期を指すにすぎません。にもかかわらず、私たちは「更年期」という言葉で「更年期障害」をイメージして、「更年期は怖い」と感じているのではないでしょうか。

更年期には、更年期症状や更年期障害といったわかりやすいサインがなくても、目に見えないところで、女性のからだにとってより本質的な変化が起こり始めています。それは、この時期を境に、エストロゲンがほとんどない状態が続くという点です。

更年期を迎える前でも、30代後半ぐらいから、女性ホルモンの分泌量は徐々に減り始めています。その後も、**直線的に減っていくのではなく、アップダウンを繰り返し**

ながら、だんだんと減っていきます。実際には、なだらかに減っていくわけではないと知っていただくと、からだとこころの揺らぎの原因となるもののイメージが湧きやすいかと思います。

さて、エストロゲンというホルモンが減る、ほとんどない状態は、どんな問題を引き起こすのでしょうか。それは、このホルモンが、私たちが気づかないうちに担ってくれていた役割――肌のハリやうるおいを保つ、血管の弾力性を保つ、骨を強く保つ、関節のすべりをよくするなど――ができなくなってしまうことです。いってみれば、**更年期症状や更年期障害は、からだがエストロゲンのない状態に慣れていく過程で生じる不調**ととらえることができるのかもしれません。

では、更年期に、生理にまつわる不調や、心身の変化を感じたときは、どうすればいいのでしょう。

更年期症状や更年期障害に対しての医療的な対処法は、この10年で十分に確立されています。例えば、ホルモン補充療法のような婦人科における治療法が代表ですし、そのほかにも、エストロゲンに似た作用を期待できるエクオールというサプリメントをとるとか、漢方薬をチョイスするといった方法があげられます。運動や睡眠時間の確保、肥満の改善などの生活習慣の改善も大切です。

ただ、産婦人科医として「もったいないな」と感じるのは、多くの女性が、困っている状態をそのままにしてしまっていることです。更年期がすぎればなんとかなるだろうという思いから、我慢しているケースが少なくありません。

あるいは、自分のからだに起きている変化や不調の原因が、ホルモンの変動によるものなのかも、とは思いつかないこともあるでしょう。そのために、できるはずの対策をとらないままになってしまうのは、本当にもったいないと感じます。

なんらかの改善策を探すというアクションを起こすためには、困っていることを「解決すべき課題」だと認識することが、非常に大事なのです。

みなさんに知っておいていただきたいのは、**閉経後、40年間も生きられる時代に私たちは生きている、ということです。40年といえば、生理がある年数とほぼ同じ**です。

更年期をむやみに怖がるのではなく、「どうしたら、閉経後もいいかたちで年齢を重ねていけるかな」と考えるほうが、前向きにすごせる気がしませんか？

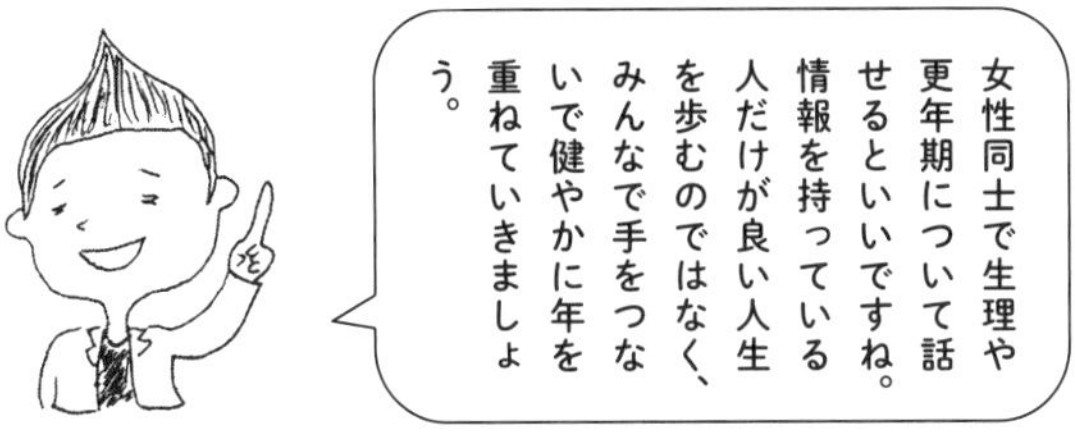
女性同士で生理や更年期について話せるといいですね。情報を持っている人だけが良い人生を歩むのではなく、みんなで手をつないで健やかに年を重ねていきましょう。

「私のバイオリズム」を知っておきたい

女性のからだのサイクルは、女性ホルモンによって形づくられますが、女性ホルモンがいつどれくらい分泌されているかは、目で見ることができません。血液検査をすれば血中濃度がわかりますが、変化を見るためには、毎日測定し、グラフ化する必要があります。かといって、毎日血液検査をするなんて現実的ではありませんよね。

その変化を可視化してくれるのが、基礎体温です。

基礎体温というと、妊娠を希望している人がタイミングを知るために記録するもの、というイメージがあるかもしれませんが、そうでない方にとっても、自身のコンディション管理の指標になります。

基礎体温とは、一日のうちでもっとも低い体温を指します。ですから、知られていませんが男性にも基礎体温はあるわけです。

私たちのからだは、日中に活動しているときは体温が高く、夜間安静にしているときは低くなります。**24時間のうちでもっとも体温が低くなるのは、睡眠中、目を覚ます2時間前。**とはいえ、眠っているあいだに体温を測ることはできないので、目を覚ましてすぐ、体温が上がり始める前に測りたいのです。

では、基礎体温で何がわかるのでしょうか。

エストロゲンが分泌されて排卵が起こったあと、卵胞の跡地に黄体がつくられます。この黄体から、プロゲステロン（黄体から分泌される黄体ホルモン）が分泌されます。プロゲステロンには体温を高くする特性があり、体温を0・3度から0・6度ほど高めます。この、体温が高くなった状態を把握することが、基礎体温の目的です。

妊娠が成立しなければプロゲステロンの分泌は減っていってその後に生理がきますから、グラフにしたとき、プロゲステロンが多く分泌されていた時期は、体温が丘のように小高くなります。このように、**生理の前に体温が高い時期があれば、プロゲステロンが分泌されたといえる**わけなんですね。

婦人科を受診すると「基礎体温をつけてください」と言われることがあると思いますが、医師は何を目的にそう言うのかというと、出血の前にこの高温期があるかどうかを見たいからなのです。

25ページの図1－3をもう一度見てください。基礎体温をグラフにしたときに、生理の前に体温の高い時期があれば、その期間はプロゲステロンが分泌されたといえるし、そこから逆算して、排卵があったことも、エストロゲンがしっかり分泌されたこともあとから確認できるというわけなんです。

プロゲステロンは体温を上げるといっても、0・3度から0・6度なので、発熱したときに使う一般的な体温計ではなく、小数点二桁までの婦人体温計を使う必要があります。また、なるべくからだの中心部の体温を知りたいので、脇の下ではなく、舌下で測ります。

3カ月ぐらい記録を続けると、だいたいのサイクルが見えてきます。紙に書き留めて記録するほかにも、今はさまざまなアプリがありますから、上手に使えば、入力した数値からグラフ化するのも簡単になりました。

Q. 基礎体温のグラフがガタガタ。高温期がはっきりしないけれど大丈夫？

自分で測定したグラフを見て、「ガタガタしていて、よくわからない」と不安になる方もいるようです。25ページの図1－3のようなきれいなグラフにならなくても、低めの時期と高めの時期があることが確認できれば十分です。

本来は毎日血液検査をしてグラフ化しないとわからないホルモン値の変動を、体温を記録するだけで把握できてしまうのだから、基礎体温の測定ってかなりすごい検査なんだということを知っていただけるとうれしいです。

こころの不調、どんなふうにケアする？

イライラする、すぐに怒ってしまう、気持ちがふさぐ、やる気が出ない、理由もなく涙が出る、何をしても楽しくない、人と会いたくなくなる、眠れないなど、こころの不調はさまざまなサインとなってあらわれます。

こころの不調に対してはさまざまなアプローチがありますが、産婦人科の医師として、女性ホルモンとこころの状態の浮き沈みとの関連は、もっと知られてほしいテーマだと思っています。

まず知っていただきたいのは、女性ホルモンである**エストロゲンとプロゲステロン**、

このニつのホルモンは、私たちのからだを守っているだけでなく、こころも守ってくれているということです。女性ホルモンの血中濃度が低下すると、こころが守られている状態ではなくなる、つまり、女性ホルモンが抗うつ作用や抗不安作用を発揮している状態が維持できなくなってしまうので、私たちのこころの状態が大きく落ちる可能性が生じます。

思春期や更年期だけでなく、女性ホルモンが比較的安定して分泌されている性成熟期においても、ホルモンのアップダウンがある（それによって月経周期が決まる）わけですから、女性のこころの調子が日々変化してもおかしくないのです。

生理前にだけ生じる不調に関しては、月経前症候群（ＰＭＳ）が広く知られるようになりました。

ＰＭＳは７割以上の女性が経験するとされていて、からだの不調とこころの不調の両方が含まれます。ＰＭＳでよく見られるからだの症状としては、むくみやすい、胸が張る、血糖値が下がりやすく爆発的に食欲が出る、おなかが痛い、頭痛がする、眠くなるなどがあります。

こころの症状としては、イライラして攻撃的になる、うつっぽくなる、緊張感が高まるなどがあります。パートナーに強く当たってしまって、そんな自分が嫌でまた落

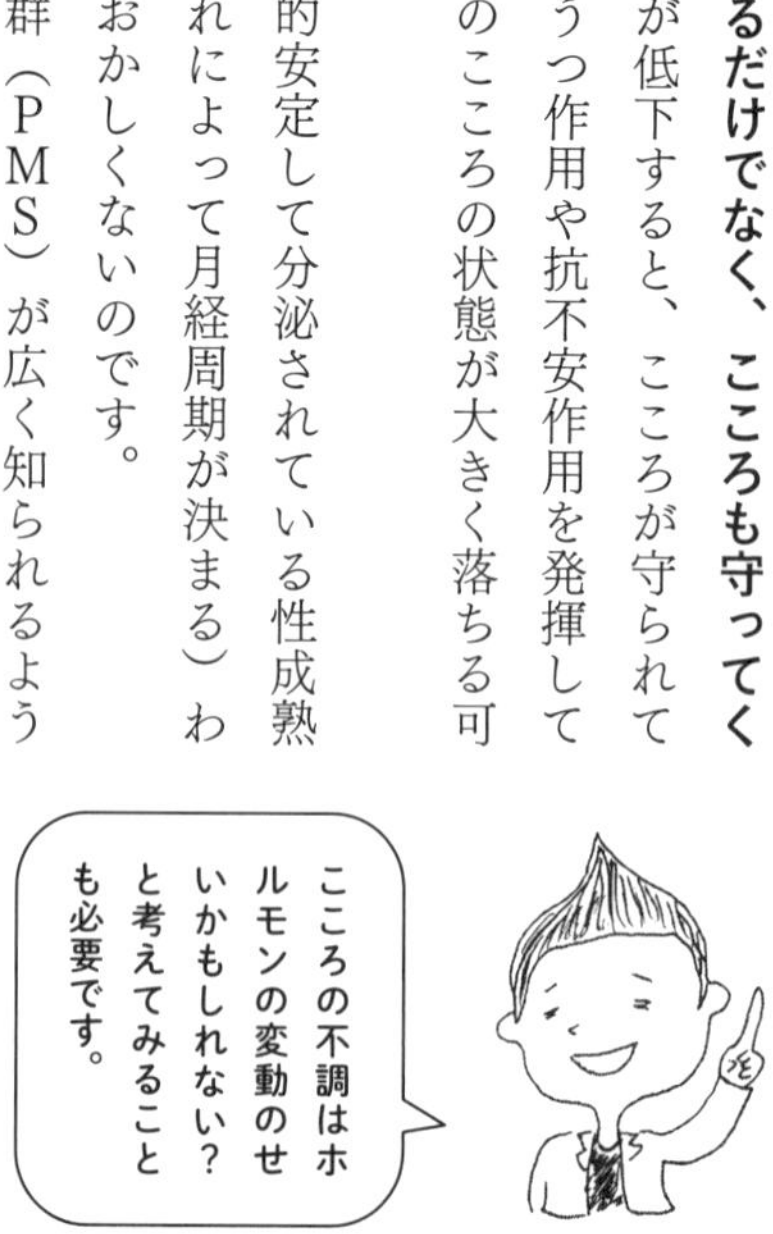
こころの不調はホルモンの変動のせいかもしれない？と考えてみることも必要です。

ち込む、という負のサイクルを繰り返す女性も少なくありません。

ＰＭＳが難しい課題である理由の一つに、自分の体調がなぜイマイチなのかを認識しづらいことがあげられます。例えば、生理痛の場合は、出血というわかりやすいできごとの最中におこるので「今、私は生理だからおなかが痛いんだな」と認識することができますが、ＰＭＳの場合は、生理がきてはじめて「あのときは生理前だったから調子が悪かったんだな」と、あとからわかることが少なくありません。そのために、ＰＭＳのさなかに対策がとれず、まわりを巻き込んでしまうこともあるでしょう。だからこそ、自分のサイクルをある程度把握しておくことが大事になってくるのです。

ＰＭＳに対する対策はどんなものがあるでしょうか。

まずは自分が生理前だと知ること。調子が良くないとわかっていれば、選ぶ言葉に気をつけることもできるでしょう。次のアプローチは、からだを動かすことです。どんな種類の運動でもいいので、運動をすることがＰＭＳの症状を軽減すると報告されています。ヨガやジョギングといった有酸素運動でもいいですし、筋トレでもかまいません。

もう一つは、不調についてまわりの人たちに理解してもらうことです。特に、夫やパートナーに、不安定な時期があることを伝えておく。そうすると、わかってくれているると思える安心感から、からだをケアする余裕も生まれます。すると、こころも軽くなってくる、というように、負のサイクルからプラスの循環へと変えていけるのではないでしょうか。

それもつらければ、ぜひ産婦人科に相談してくださいね。人によってはピルに効果がある場合もありますが、残念ながらＰＭＳの治療に保険適用はありません。ピルについてはあとで詳しく説明しますので、ここではピルがＰＭＳの治療法になりうることを知っておいてください。

エストロゲンの分泌が減っていく更年期も、心の不調を経験しやすい時期です。更年期障害としてのこころの不調には、ホルモン補充療法などの医療的な対処法が広く知られるようになってきました。

ＰＭＳと更年期症状・更年期障害のほかにもう一つ、女性がこころの不調を経験しやすい時期があります。それは、産後です。

こころの不調の代表的な疾患はうつ病ですが、女性のうつの生涯有病率（一生のうち一度はその病気にかかる人の割合）は約25％、少なくみても10％ほどとされていま

図2－1　妊娠・出産と女性ホルモン分泌量の変化

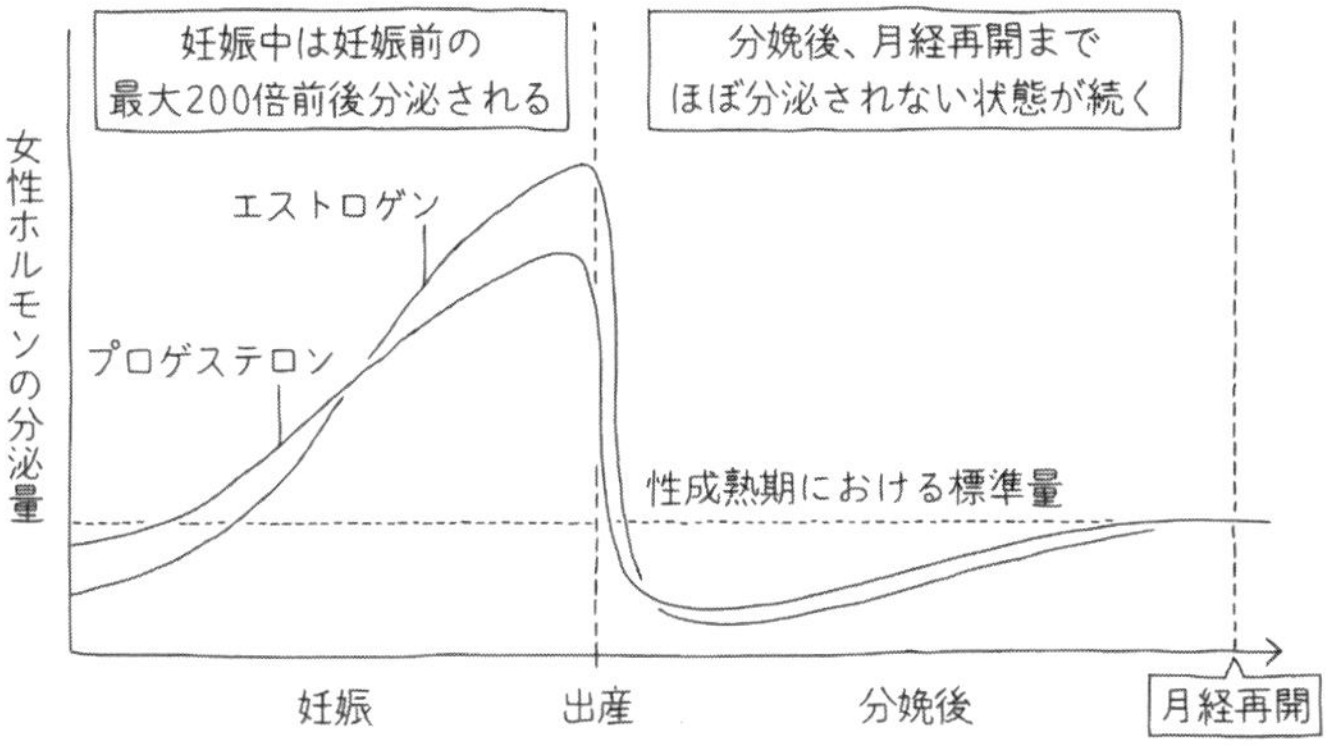
妊娠中は妊娠前の
最大200倍前後分泌される
分娩後、月経再開まで
ほぼ分泌されない状態が続く
女性ホルモンの分泌量
エストロゲン
プロゲステロン
性成熟期における標準量
妊娠
出産
分娩後
月経再開

す。女性は、多く見積もると4人に一人の割合でうつ病になるということです。一方、男性はというと、うつの生涯有病率は5％から12％、つまり、女性のほうが男性よりも2倍、うつになりやすく、女性のうつの多くは、更年期や産後におこるとされています。

妊娠中は、妊娠を継続するために、体内でエストロゲンが安定してつくられています。それが、出産を経てエストロゲンはほぼゼロに近くなり、生理が戻ってくるまでそのままの状態が続きます（図2－1）。これは、閉経後とほぼ同じ状態といえます。産後の女性の10％が産後うつになると言われているにもかかわらず、ＰＭＳや更年期障害と比べて、十分に知られているとはいえません。本人ですら「そういえばあのときは理由もないのに泣いてばかりいたな」と思い出すぐらいで、困っているまさにそのときには、なかなか気づけないものなのです。

更年期のこころの不調と同じように、産後のこころの不調に関しても、軽くすることをあきらめなくていいのです。我慢して時間がすぎるのを待つのではなく、自分なりのケアや対策を探していただきたいですし、産婦人科医を頼ってみてください。

このように、生理前と更年期は、女性のこころの不調の理由になりうることが広く認知されるようになりましたし、対策方法も確立されてきました。一方で、産後のこころの不調が大きな課題として取り上げられるようになったのはここ数年であり、まだまだ対策の余地がありますし、もっと広く認知されていく必要がある分野だと考えています。

Chapter.
3

20年前とは
劇的に変化。
「生理について」を
アップデート
しなきゃ。

おっぱいがふくらみ始めたら、ちょっとあせって！

女の子を持つ女性からよく相談されるテーマの一つが、「生理について娘にどうやって伝えたらいいいか」です。娘さんが小学4年生ぐらいになると、どんなふうに話したらいいのかと悩み始めるお母さんが多いようです。

産婦人科医として、科学的・医学的にはこのように生理を説明するといいというお話をしたいと思っていますが、その前にお伝えしたいことがあります。それは、専門家がアドバイスできることと、母が娘に伝えられることは、まったく同じではないということです。

一番の違いは、**母から娘へは、生活のなかで教えることができる**点です。例えば、一緒にお風呂に入るときに、母親が用意している生理用品を見つけて、娘が「これは何？」と疑問を持つこともあるでしょうし、トイレのエチケットボックスに興味を持ってのぞいてみて、「誰か血が出ているの？」と尋ねてくることもあるでしょう。子どもからの疑問を話のきっかけとするのはとても自然ですよね。

もしお姉ちゃんがいるとしたら、ある程度のことはお姉ちゃんから伝わっているかもしれません。これが、男の子ばかりの中に女の子が一人きりのきょうだいだと、状況は大きく変わってくるでしょう。その子がどう情報を得ていくかは、家族構成によってかなり違いますし、生理がくることをポジティブに受け止めるかネガティブに受け止めるかも、それぞれの家庭環境によってずいぶん異なることも否めません。

思春期の女の子たちに、からだやこころについてどのように伝えるかは、家庭や保護者の役割と、医師をはじめとする専門家の役割を両輪として考えていく必要があります。

その上で、「どう伝えたらいいですか」という質問には、まず「排卵して、妊娠しなかった場合に生理がくる」という仕組みを伝えていただければとお答えします。

もう少しかみ砕いてみますね。

おなかの中にある卵巣というところがきちんと働いて、女性ホルモンがたくさんつくられると、卵が出てくるよ。卵が出るということは妊娠するチャンスなんだけど、妊娠しなかったときにやってくるのが生理なんだよ。

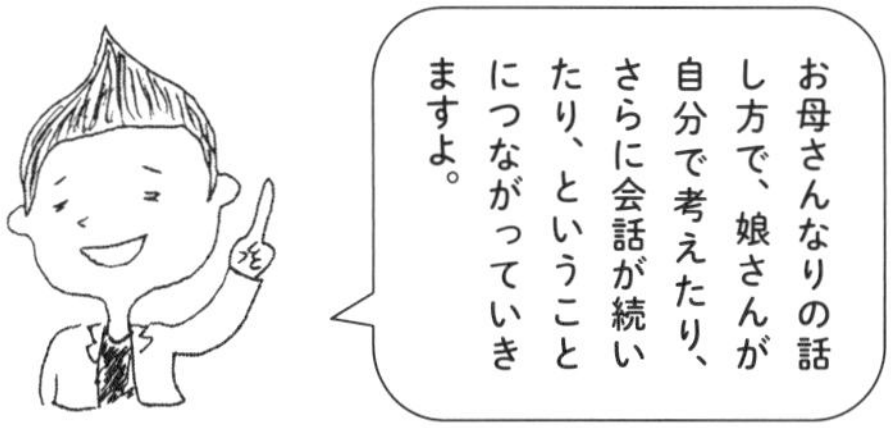
お母さんなりの話し方で、娘さんが自分で考えたり、さらに会話が続いたり、ということにつながっていきますよ。

このように説明すると、もっとも簡潔に、かつ医学的に正しく伝えることができます。この一連の流れを伝えるためには、女性は妊娠できるからだを持っていて、それが男性との一番の大きな違いだということを知っておく必要がありますので、その点もあわせて伝えられるとより良いですね。

世の中には「生理はつらいもの」というイメージがありますし、実際に生理痛や月経前症候群（ＰＭＳ）に悩む方もたくさんいます。生理をネガティブにとらえている方もいるかもしれません。ですが、お子さんにはぜひ、前向きな伝え方をしていただきたいです。

確かに、ネガティブに感じる理由はたくさんあります。血が出ていることそのものが不快だったりしますし、血液を失うことでタンパク質やヘム鉄を失い、酸素運搬能力が下がるなど、からだへのダメージにもなりえます。それでも、生理がくることで、私たちのからだのサイクルが順調にめぐっていると確認することができる、そうとらえることもできます。

伝えるタイミングはというと、からだから出血するのはとてもセンセーショナルなできごとですから、**まずは、初潮がくる前に、こういうできごとがこれから起こると伝えたい。**

じゃあそれっていつ起こるの？　娘さんからだけでなく、お母さんからも聞かれそうな疑問です。個人差があるので、経験者にもわからないものですよね。

女の子のからだの変化は、からだつきが丸みをおび、おっぱいがふくらみ始め、脇毛やおまたの毛がはえてきて、そのあとに初潮がくるという順を追っていきます。**おっぱいがふくらみ始めると、その1年から2年後に初潮がくることがわかっているので、おっぱいがふくらみ始めたころにまだ何も話していなければ、少しあせったほうがいいくらいです。**実際に初潮がきたときは「やっときたね」と思えるぐらいに、母も娘も準備万端、生理やからだの変化について繰り返し話せているのが理想かなと思います。

おっぱいがふくらむという変化は目に見えますが、生理がくる準備はからだの内側で進んでいくので、いきなり出血したように感じられてびっくりしてしまうわけです。自分のからだの中の見えていないところでどんな準備がなされているか、それを娘さん自身がイメージできることは、この時期にはとても大事です。

生理をはじめとする女性のからだの変化について、子どもに教えるのを家庭にだけ押し付けるのは、教育の本来の姿ではないでしょう。ただ、娘さん自身が初潮がきたことをポジティブにとらえられるような伝え方は、学校の先生よりもお母さんのほうが上手なのでは、とも思います。

お母さんが生理について正しく理解し、娘さんにとって適したタイミングで共有されていくのが、もっとも自然な教育のかたちかもしれません。

生理用品についての誤解はありませんか？

生理用品に関しても、さまざまな新しい商品が登場しています。従来の使い捨ての紙ナプキンも、使い心地がよくなるように年々改良されていますし、布ナプキンや月経カップという、新しい商品も登場してきました。

女性のからだや健康をケアする商品・サービス——「フェムケア」と呼ばれます——の充実も、この10～20年で大きく変わったことだと思います。ちなみに、女性の健康課題をテクノロジーを使って解決しようとするサービスは「フェムテック」と呼ばれます。

フェムケアやフェムテックの広がりについて、基本的には前向きにとらえれば良いと思いますが、これまではなかった商品が出てきたときに、本当に使っても大丈夫なのかとか、見聞きした情報が正しいかについては、気になりますよね。

例えば、以前いただいた質問の一つに、こんなものがありました。

Q．布ナプキンにすると、経血の量は減るの？

布ナプキンが今の日本の社会に受け入れられた理由には、ナチュラル志向があると思います。外陰部（おまた）の粘膜は、腕や足などの皮膚に比べれば弱いことは確かですから、外陰部に触れるものが質の良いものであってほしいという気持ちはよくわかります。

使い捨ての紙ナプキンには、水分を内側に閉じ込めて表面ができるだけウェットにならないようにする高分子吸水ポリマーという化学物質が使われています。その化学物質がからだに良くないのではないかと不安視する声が、ナチュラル志向の方たちのなかであがってきたわけです。

布ナプキンにすれば経血の量が減るかと言われたら、そんなことはありません。それは確実にいえます。「生理痛が軽くなる」というのも同様です。

また、商品として販売されているものの中には、**布ナプキンはからだを温めるから女性のからだに良い、と表記されていることがありますが、実際は、温めるよりもむしろ、冷やすほうに作用する可能性が高い**と思います。なぜかというと、経血で濡れたコットンがずっとからだに触れている状態が続くので、濡れたコットンの衣服を着続けることでからだが冷えるのと同じことが起きているともいえるからです。

使い捨てナプキンに使われている高分子吸水ポリマーは、粘膜に直接触れるわけではありませんし、皮膚から吸収されてからだに良くないことを引き起こす心配はいらないだろうと考えられています。

それでも、からだに触れるものは少しでもナチュラルなもののほうが安心だという思いを優先されたい場合は、オーガニックコットンの使い捨てナプキンも市販されていますので、価格は少し高くなりますが、こちらの選択肢を検討してみるのもいいかもしれません。

日本人がタンポンをあまり使わないわけ

生理用品に関しては、欧米と比較すると日本ではタンポンの使用率が低いことが知られています。およそ2割から3割の女性しか使っておらず、欧米では7割にのぼることを考えると、普及の範囲がかなり狭いといえるでしょう。お母さんが使っていないと娘さんが使うことはまずなかったり、部活動の中でも、特に水泳部に入ったことで必要に迫られて使い始めましたとか、そんなお話をよく耳にします。

日本でタンポンがそれほど使われない理由を挙げるとすると、日本の女性たちは自身の外陰部の構造をしっかりと把握しようとしてこなかったということではないかと考えられます。

自分の外陰部を鏡で見たことがあるという人は、それほど多くないのではないでしょうか。そもそも、生殖器の構造を習う機会はほとんどないので、例えば、膣の向きがどうなっているかということも、みなさんほぼご存じないと思います。

じつは、子宮の傾き方は人によって個人差があって、おなか側に倒れている人もいるし、背中側に倒れている人もいます。腟は子宮に向かってやわらかくのびているので、タンポンを入れる方向がその向きに合っていなければ、当然ながら痛いし入らないわけです。痛い思いをした人が、再びタンポンにトライするかといったら、そこまでがんばってみようという人は多くないだろうと推測されますよね。

とすると、経血の量が多いとか、仕事の都合でナプキンを替えるタイミングが難しいなど、やはり必要に迫られてタンポンを使い始めた方が多いのかもしれません。

タンポンの使い方でよくある間違いは、タンポンを連続で使用することです。一日の中で一度タンポンを使い、替えどきになったところで、それを抜いたら次はナプキンを使うというように、タンポンを連続して使わないのが望ましい使い方です。連続使用によってトキシックショック症候群（TSS黄色ブドウ球菌によって引き起こされる急性疾患のこと。初期症状には高熱を伴った発疹、倦怠感、嘔吐などがある）が起こるのを防ぐためです。

こんなトラブルもありうるので、使っている方には一度使い方を見直してみていただきたいですが、正しく使っている分には、タンポンはまったく怖いものではありません。

図３－１　月経カップはこんなふうに使う

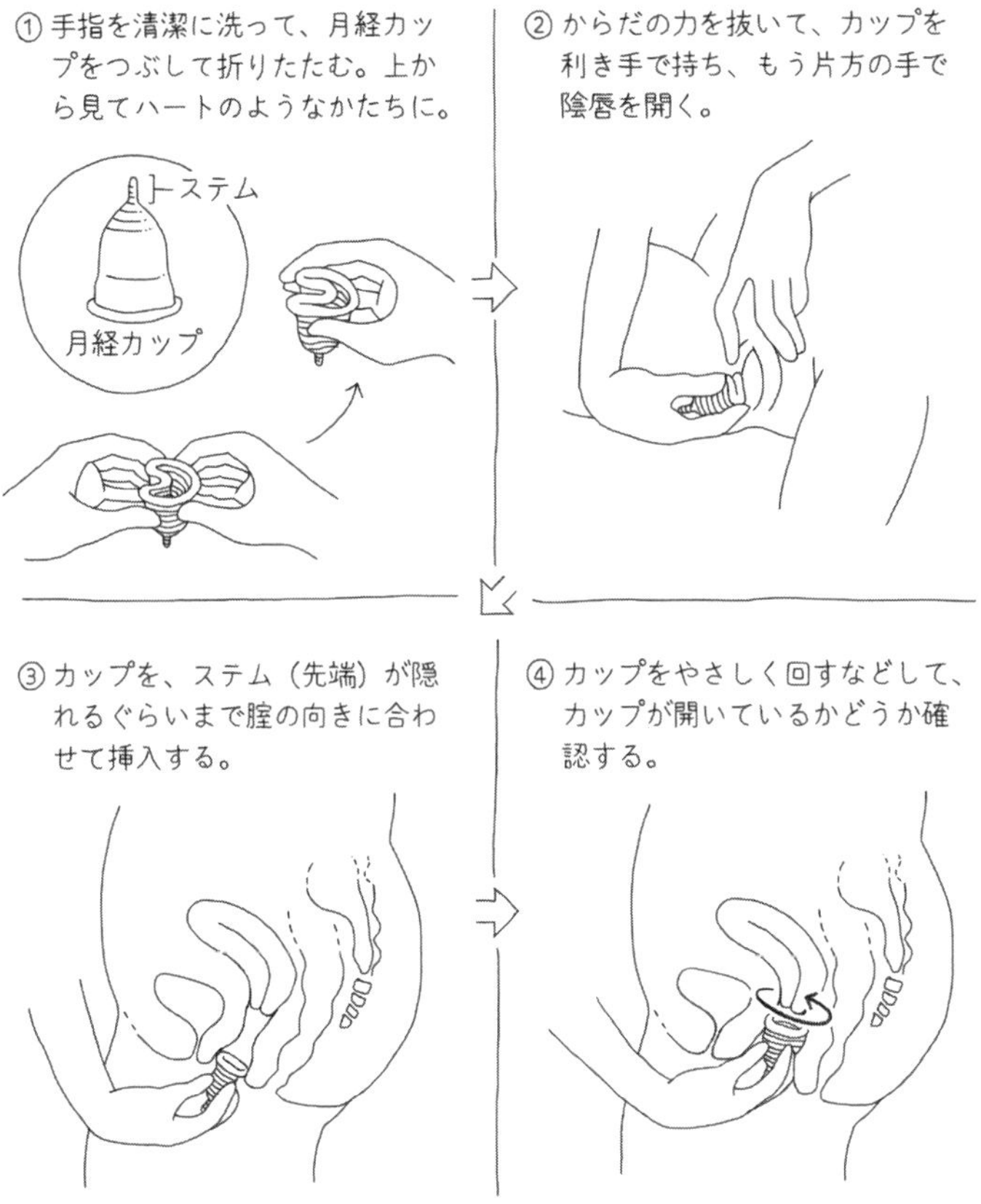

①手指を清潔に洗って、月経カップをつぶして折りたたむ。上から見てハートのようなかたちに。
ステム
月経カップ
②からだの力を抜いて、カップを利き手で持ち、もう片方の手で陰唇を開く。
③カップを、ステム（先端）が隠れるぐらいまで膣の向きに合わせて挿入する。
④カップをやさしく回すなどして、カップが開いているかどうか確認する。

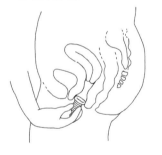

最近話題になっている月経カップについては、タンポンが使いにくい方は、さらに使いにくいだろうと思います。月経カップは、折りたたんだカップを腟の中に広げて、経血を受け止める生理用品です（図3－1）。使い捨てではなく、繰り返し使用できるのがメリットですが、ベルのかたちになっているカップを折りたたんで、太い側を先端として腟に入れていくので、タンポンのようにスムーズなガイドがついていても入りづらいという方には、月経カップを入れるのはさらにハードルが高いかもしれません。

生理用品の選択肢が増えるのは、とても良いことだと思います。それぞれのメリットに目を向けて、ご自分の生活に合わせて、好みに合ったものを選んでいただければ良いでしょう。

重い生理痛は、れっきとした病気です

生理痛に関して、近年ではかなり多くの女性に相談していただけるようになってきました。お母さん世代が育った時代――1980年代から90年代にかけて――は、生理は病気ではなく、生理痛はその時期がすぎればおさまるのだから我慢しましょうという考え方が一般的でしたが、そういった情報がアップデートされて、生理痛は医師に相談していいもので、改善できるものという認識が広まるのは、産婦人科医としてとてもうれしいことです。

女性のおよそ8割は、生理のときになんらかの痛みを感じるといわれています。代表的なものはおなかの痛みですね。そのほかに、腰が痛いという方もいます。これは、子宮が前（おなか側）に倒れているか、うしろ（背中側）に倒れているかで（55ページ参照）、痛みを感じる場所が違ってくるからです。

「これも生理痛なのかな？」と迷う症状に関しては、**生理が終わったら良くなる症状は、すべて生理痛と考えていただいていい**と思います。痛みのほかに、頭が痛い、むくむ、吐き気がある、だるい、肌が荒れるといった症状を訴える方もいらっしゃいます。

痛みというのはふしぎなもので、同じ刺激を加えても、それを痛いと感じるか感じないか、どれくらい痛いと思うかには個人差があります。私たち産婦人科の医師が診て子宮や卵巣の状態に特段異常がなくても、生理痛がものすごくつらいという方もいらっしゃいますし、反対に、重い子宮内膜症（61ページ参照）であるにもかかわらず、生理痛はまったくありませんという方もいらっしゃいます。

では、病院にかかるべきかどうかは、どう判断すればいいのでしょうか。

基準としては、**「生理痛によって、普段の生活に支障が出るかどうか」**を目安にしていただくといいでしょう。痛くて起き上がれないとか、学校に行けない、部活に参加できないといった状態は、十分に婦人科にかかる理由になります。むくみがつらいとか、気持ち悪くなってしまうといった痛み以外の症状に関しても同様です。

このような**生理が理由で生活に支障が出るような症状を月経困難症といい、特に検査などで異常を指摘されなかったとしても保険診療の対象になる病気だ**ということを、覚えておいていただければと思います。

ここで、生理の痛みが生じるしくみをお話しします。排卵したけど妊娠が成立しなかったときに、使われなかった赤ちゃんのためのベッド――子宮内膜――が排出されるのが生理ですが、その際に、子宮平滑筋という筋肉でできている子宮をギュッと収縮させることによって、内側にある子宮内膜をからだの外に押し出すという仕組みになっています。このギュッと握りつぶす力を生むのは出ていく子宮内膜であり、握りつぶす作用を有する物質をプロスタグランジンと呼びます。プロスタグランジンの産出量が多いと握る力が強く、痛みとして感じます。つまり、生理痛は、子宮内膜が生んでいるわけです。

この、子宮内膜をめぐるトラブルは、現代における女性特有の課題ともいえますので、このあと、もう少し詳しくお話ししたいと思います。まずは、「生理は病気ではありませんが、生活に支障をきたすような生理痛は病気だ」ということを、覚えておいてください。

経血の量についても同様に、生理の量が多くて生活に困っていれば、その状態は過多月経という病名になります。

月経困難症や過多月経に対しては、鎮痛剤を飲むとか、生理用品で対応するといった対処法に加えて、先ほども少し触れたように低用量ピルという選択肢があります。

低用量ピルについては、65ページ以降で詳しく説明します。

子宮内膜症に2・6倍なりやすい人

産

婦人科医として、若いうちのつらい生理痛を我慢してほしくない理由は、今の困りごとを解決してほしいということに加えて、未来におけるさらなる困りごとを引き起こす可能性が高くなるからです。

若いときから「生理痛が重い」と感じていた人は、特に生理痛を感じずにすごしてきた人と比べて、2・6倍も子宮内膜症になりやすいと報告されています。子宮内膜症の増加は、お母さん世代が少女だったころにはあまり言われていなかった、現代女性にとっての新しい課題なのです。

子宮内膜症とは、本来は子宮の内側にあるべき子宮内膜が、子宮以外の場所にできる病気です。例えば、卵巣や卵管（子宮と卵巣をつなぐ管）、子宮と直腸のあいだ、子宮を支える靭帯といった場所に発症します。稀にではありますが、肺や腸にもできることがあります。

病状が進むと、卵巣にチョコレート嚢胞《のうほう》と呼ばれる嚢腫ができたり、卵巣、卵管や

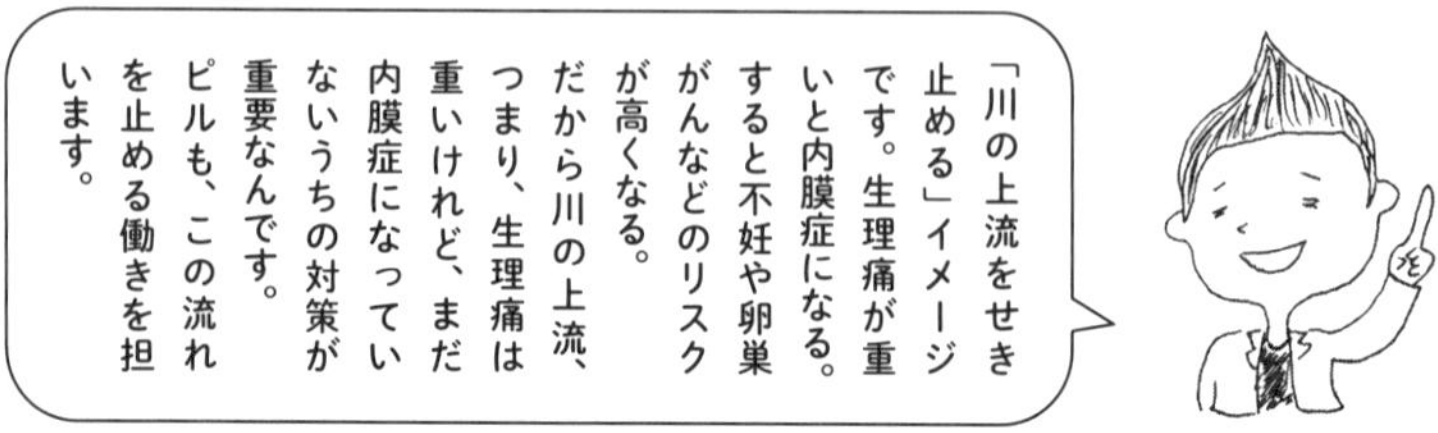
「川の上流をせき止める」イメージです。生理痛が重いと内膜症になる。すると不妊や卵巣がんなどのリスクが高くなる。だから川の上流、つまり、生理痛は重いけれど、まだ内膜症になっていないうちの対策が重要なんです。ピルも、この流れを止める働きを担います。

腸が癒着したりします。

子宮内膜症の代表的な症状が、痛みと不妊です。子宮内膜症を抱えている方の9割が痛みを訴えています。不妊に関しては、すべての方に不妊の症状が出るというわけではありませんが、子宮内膜症があって、かつ妊娠を希望する方の3割程度が不妊症とされています。**妊娠を希望するかどうか、いつごろ妊娠したいかといった、女性にとって大切なライフプランに、子宮内膜症は大きく影響する**のです。

では、なぜ子宮以外の場所に子宮内膜ができるのでしょうか。これについては、じつはまだはっきりとした原因がわかっていません。ただ、腟から体の外に出て行くはずの経血が、なんらかの理由で卵管を通って逆流して、子宮内膜の組織がおなかの中にばらまかれることが子宮内膜症の発生にかかわっていると考えられています。

経血が逆流するのは特別なことではなく、9割の女性は、生理中のおなかの中に経血が存在するというデータがあります。

少し話がわき道にそれますが、私が練習を続けているアシュタンガヨガには、「生理のあいだ3日間は練習を休みましょう」という教えがあります。古くから続くヨガで、そのような教えが生まれた背景はわかりませんが、アシュタンガヨガには「逆転のポーズ」などの逆立ちになるような動きがありますから、生理中、出血量の多い数日間にそのような動きを避けましょうという教えは、産婦人科学的にも理にかなっているといえます。

逆立ちをせずとも、日常生活の一般的な動作をしているだけでも、経血の逆流は少しずつ起きています。逆流と言うとすごく怖いことのように思われるかもしれませんが、経血がおなかの中に流れるということは、裏返せば、「卵管が詰まっていない」ということなので、ある意味、自然なことです。

子宮内膜症は、人生において生理を経験する回数が多ければ多いほど、発症するリスクが高くなることがわかっています。そして、まさにそのことが、子宮内膜症が現代の女性に増えている大きな理由です。人生における生理の回数が、ひと世代ふた世代前の女性と比べて、飛躍的に増えているからです。

簡単に計算して、比較してみましょう。

生理のある期間を10歳から50歳までの40年として、１年に12回生理がくるとすると、４８０回になります。妊娠中や産後の授乳期間は生理がありませんから、それを加味すると、現代の女性が生涯に経験する生理の回数は、平均して４５０回ぐらいとみる

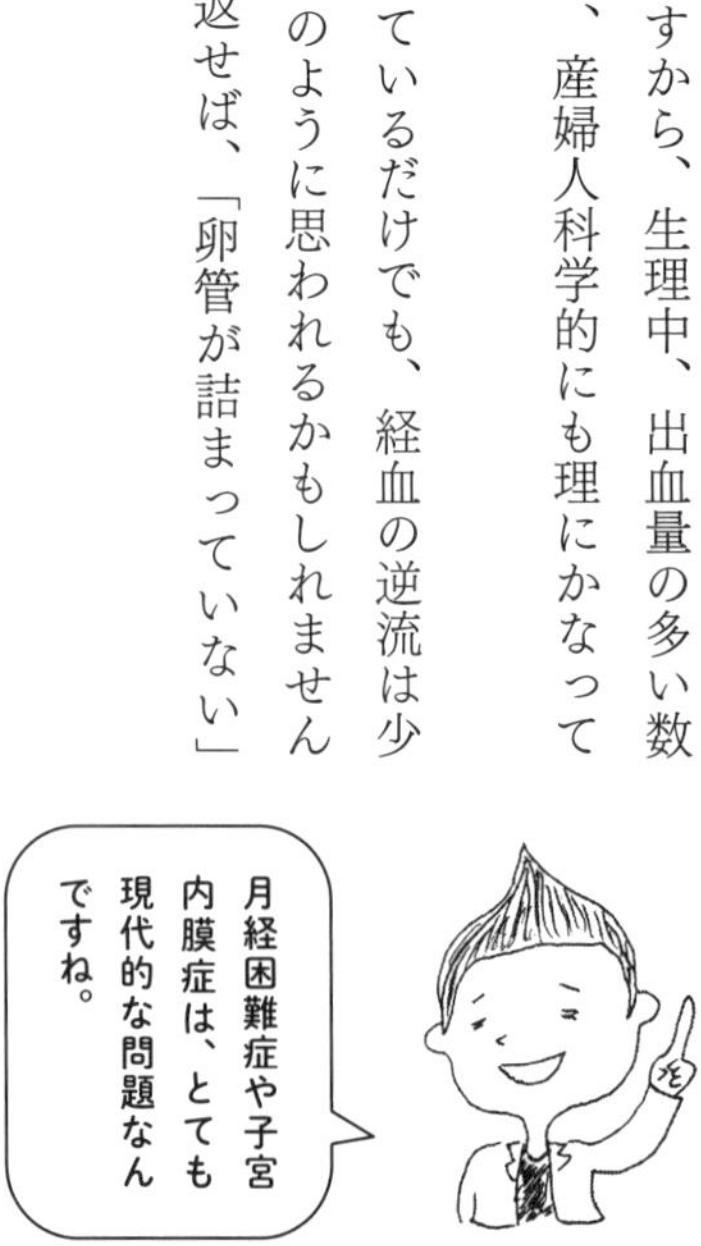
月経困難症や子宮
内膜症は、とても
現代的な問題なん
ですね。

ことができます。

一方で、私たちのおばあさんの世代を考えてみると、子どもを5人6人と産むのが当たり前でした。結婚も初産も、今よりずっと早かったようです。一方、初潮年齢は今よりも遅く、15歳ぐらいでした。ですから、その時代の女性たちが経験する生理の回数は、100回程度だったといわれています。**現代の女性たちは、祖母、曾祖母の時代と比べると、約5倍もの回数の生理を経験しています。**

今は、子どもを持たない女性も増えてきていますし、出産したとしても一度だけという女性も少なくありません。現代の女性には、初潮から閉経を迎えるまで、ほとんど絶え間なく生理が繰り返されているという状況が起こっているのです。

ピルを使っていい年齢、おすすめできない年齢

この10年あまりの大きな変化は、月経困難症や子宮内膜症の治療に、低用量ピル（ピル）が使えるようになったことです。

ピルは比較的新しいお薬ですが、お母さん世代もぜひ知ってください。

もともとピルは避妊薬としてアメリカで認可され、その後も安全性の高いピルが開発されています。日本では1999年に認可されました。それから約10年後の2008年に、治療目的として保険適用されました。

少し細かい話になりますが、当初は、保険が適用されるのは子宮内膜症による月経困難症の治療に限られていました。

ピルがどのように子宮内膜症に効くかというと、例えば、子宮内膜症の一種であるチョコレート嚢胞（卵巣に発生するもの）で、3センチ以上の嚢胞がある患者さんに投与すると、嚢胞のサイズが有意に小さくなることが報告されています。

しかし、子宮内膜症と診断されないと保険適用できないというルールがあり、医療の現場では少し使いづらいところがあったのです。

子宮内膜症だと診断するためには、エコー検査やMRIの画像診断で病巣が確認できなければなりません。しかし、例えば、卵巣にできた嚢胞は、数ミリのときはエコーでは確認できません。2センチ弱ぐらいになってようやくはっきりと確認できて、子宮内膜症だと診断できます。

つまり、診断が確定するまで何年もかかるのです。

「そのあいだピルが処方できないのは合理的ではないのでは？」という声があがり、

2010年に、月経困難症の診断でも、ピルが保険で処方できるようになりました。

現在の私たちは、月経困難症を軽くする――生理痛を緩和する、生理の回数を減らす、生理のサイクルを安定させる、生理前の体調のイマイチさを緩和する――というさまざまな目的のために、ピルという治療方法を選べる時代に生きているのです。しかし、こういった情報が必要な方にまだまだ伝わっていないと感じます。

また、若いうちに月経困難症を軽くするためにピルを選択することは、子宮内膜症の予備軍の可能性がある方にとって、それを予防することにつながるとも考えられます。そういったピルの使い方も、もっともっと知られてほしいと思います。

日本でピルがあまり広まらないのは、避妊のためのお薬というイメージが根強く、しかも、避妊法としてピルを選択する人自体も少ないためかもしれません。

そもそもピル（低用量ピル）とはどういうものかというと、女性ホルモンの作用を利用するお薬です。低用量ピルと呼ばれる薬には、1錠の中にエストロゲンとプロゲステロン（正確には黄体ホルモン）の両方が含まれています。この薬を飲み続けることによって、からだの中にエストロゲンもプロゲステロンもすでに存在していると錯覚するような状態が生まれます。そうすると、エストロゲンの分泌のピークがつくられなくなり、排卵が抑制されます。排卵しないので妊娠しないし、子宮内膜が厚くならない、という仕組みで効果を発揮します。服用をやめると元の状態に戻ります。

日本では、経口避妊薬として使われる自費のピルと、月経困難症・子宮内膜症に使われる治療目的のピル（低用量エストロゲン・プロゲスチン配合薬）を区別して呼んでいますが、基本的な作用は同じです。

ピルを飲み始めていいのは何歳からか、また何歳まで飲み続けていいのかというのは、気になるところだと思います。

まず、40歳をすぎてからピルの服用を開始するのは、おすすめしていません。ピルの副作用の一つである血栓症のリスクは、飲みはじめのタイミングが高いからです。それ以前から服用している場合は、40歳でやめなければいけないということではなく、原則として、閉経まで、もしくは50歳までは服用を継続することができます。

では、下は何歳から服用できるかというと、**生理が始まっていれば服用が可能です。**「まだ10代だからピルは飲めない」ということはなくて、生理痛や生理不順で困っていれば、何歳からでもピルの服用を検討することができます。

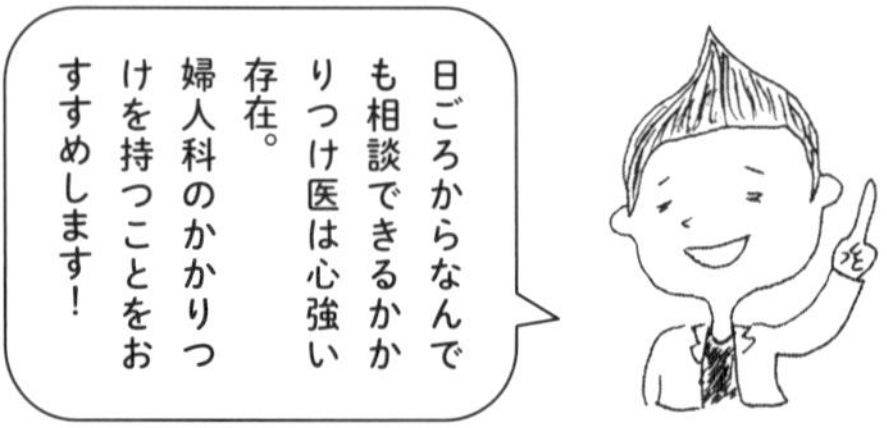
日ごろからなんでも相談できるかかりつけ医は心強い存在。
婦人科のかかりつけを持つことをおすすめします！

また、鎮痛剤と併用することもできます。痛み止めが効かないからピルを飲む、という順番ではなくて、はじめからピルを選択することもできますし、ピルを飲んでいるけどまだ痛みがあるから鎮痛剤を足すということもできるわけです。

このあと、ピルについて、私たちの生活にどのようなメリットをもたらすかをもう少しお話ししたいと思いますが、ピルの服用をおすすめできないケースもありますので、先にお伝えします。

年齢が上がることで血栓症のリスクが高くなるほかに、喫煙の習慣のある方、高血圧の方、肥満の方、前兆を伴う片頭痛のある方、乳がんの方、糖尿病の方には、ピルを処方できないことになっています。

そのほかにも、健康上のリスクがある場合は慎重投与となりますので、ピルの服用を検討する際は、必ず、婦人科の医師とよく相談なさってください。

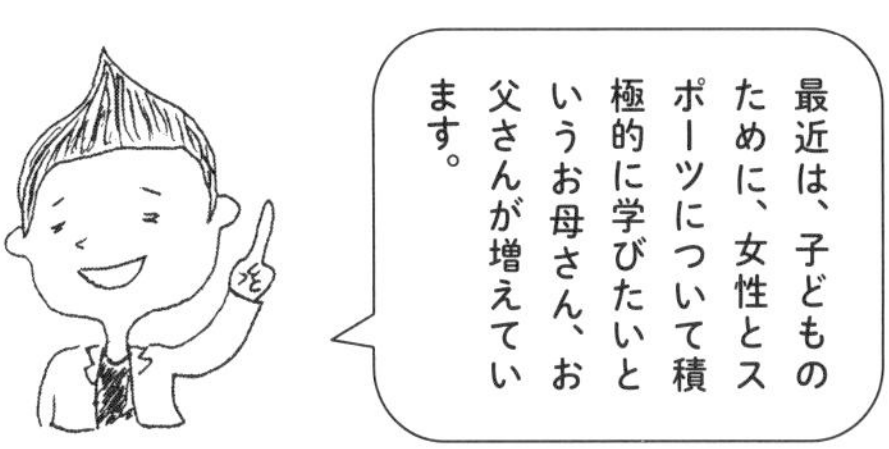
最近は、子どものためにも、女性とスポーツについて積極的に学びたいというお母さん、お父さんが増えています。

生理をコントロールするピルの使い方

例えば、仕事で大事なプレゼンがあるとか、絶対に成功させたいイベントがあるなど、ここぞというときに生理の一番重い日が重なりそう、という心配ごとは、年齢を問わず、多くの女性に共通する悩みだと思います。

中学生・高校生の女子生徒のみなさんの場合で言うと、例えば、スポーツ系の部活動に打ち込んでいる方の中には、大事な試合の日に生理が重なってしまって、思うようなパフォーマンスができなかったという経験がある方も多いのではないでしょうか。もちろん、スポーツに限らず、林間学校や遠足など学校生活で困ったことがあるという方もいると思います。

私は婦人科のスポーツドクターとして、女性アスリートやジュニアアスリートのサポートをしていますが、やはり生理にまつわる悩みを持っている選手は少なくなく、こんな相談を受けることがよくあります。

Q. アスリートとして「ここ一番」というときにベストコンディションでのぞみたいのですが……

アスリートを対象に、月経周期のなかでどのタイミングで体調が悪いかというアンケートをとってみると、二つの時期に回答が集中します。それは、「生理中」と「生理前」です。

一方、調子がいいときはいつですかと聞くと、7割の方が「生理が終わった直後」と答える一方で「生理中に調子がいいと感じる」という方がいらっしゃるのも事実で、さらに、「月経周期による変化はあまり感じない」という方も1割弱いました。

何を言いたいかというと、自分は月経周期のどのタイミングに調子が悪いと感じるのか、まずは観察してみてほしいのです。生理中なのか生理前なのか、両方なのか。そして、調子が悪いことに対して何ができるだろうか、と対策法を考えてみるのが次のステップになります。

生理の重い日が一番つらいから、大事な試合やイベントと重なってほしくない、と

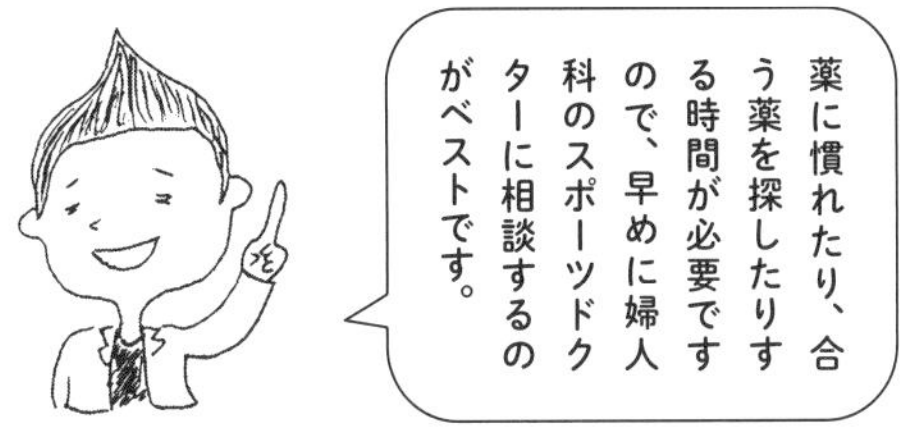
薬に慣れたり、合う薬を探したりする時間が必要ですので、早めに婦人科のスポーツドクターに相談するのがベストです。

考えたとします。

「生理が重い」の中身を見てみると、大きく二つに分けることができます。一つは、月経困難症――おなかが痛い、腰が痛い、気持ち悪くなる、こころの状態が落ち込むなど――によるもの。もう一つは、出血するという、物理的に困る状態ですね。

出血に対しては、生理用品のチョイスによって対策ができる程度であればそれでいいということになりますが、月経困難症が重なると、生理用品だけでは対応できません。となると、今は生理期間を変更させる目的でピルが使える時代ですから、大事なイベントの当日に生理が当たるとわかっているのに、わざわざそのままにしておくのはもったいないよね、生理の時期をずらしましょうか、となるわけです。


アスリートの場合、最初にパフォーマンスに関する悩みを相談する相手は指導者であることが多いと思われますが、女性ホルモンと運動能力や心身の不調の関連について十分に理解している指導者ばかりとはいえず、まだまだ婦人科医をはじめとした専門家からの情報発信が必要な分野だと感じています。ジュニアの場合は特に、相談できる大人が近くにいることが大切であり、保護者のみなさんにも基本的な知識を持っておいていただけるとありがたいです。

また、アスリートの例でお話ししましたが、「パフォーマンス」には、ほかにもいろんな場面が含まれます。

現代の女性たちは、仕事はもちろん、さまざまなかたちで社会に参画していて、責任ある立場に就いている女性も増えてきています。生理の時期をずらすまでいかずとも、生理痛を緩和したり、経血の量を減らしたり、月経周期をコントロールしたりというふうに、**自分の生理を自分の都合にあわせて調整するという前向きな姿勢でピルをうまく使うことも大事なスキル**だと思っています。

怖がらないために知る
ピルの副作用とリスク

ピルは、女性の生活にメリットをもたらす一方で、デメリットもあります。

デメリットの第一は、副作用のリスクです。ピルは、からだの中に外から女性ホルモンをとりいれて、脳に「すでにエストロゲンとプロゲステロンがありますよ」と錯覚させることによって、排卵を起こさないようにするお薬です。服用したらすぐに効果があらわれるものではありますが、からだが慣れるまでに2カ月から3カ月かかることが多いです。そのあいだに、不正出血や吐き気、むくみ、倦怠感、気分が落ち込む、肌が荒れるといったマイナートラブルが生じる場合があります。もっとも多いのは不正出血で、服用した人の2割前後が経験するとされています。これらの症状は、からだがピルに慣れていけば気にならなくなっていく可能性が高いとされています。

それでもマイナートラブルが続くとか、やっぱりピルはからだに合わないという方もいらっしゃいます。あるいは、ピルを飲んでいるのに、生理痛や生理前のイマイチさが改善されたと感じられないケースもあります。

そのような場合は、そのピルを使うのをやめましょう、という判断をするでしょう。ただ、そのピルが合わなかったからといって、自分の調子の良さを手に入れることをあきらめなくてもいいのです。

では、かわりにどんな方法があるかといえば、じつはひと口にピルといっても、いくつも種類があるんですよね。例えば、エストロゲン含有量がより少ないピル（超低用量ピル）を試してみるとか、エストロゲンと合わせるプロゲステロン（正確にはプロゲスチン＝黄体ホルモン）の種類を変えたお薬にしてみるとか、ピル以外のホルモン治療、プロゲスチン製剤（エストロゲンが含まれていないホルモン製剤）に変更してみるという方法も挙げられます。

また、月経困難症の原因が子宮内膜症や子宮筋腫といった疾患であるとはっきりしている場合は、手術という選択も視野に入ってきます。

いずれの場合でも、ピルを安全に使い続けるためには、自分のからだの状態をよく観察しながら、婦人科の医師とよく相談することが必要です。

ピルのリスクでもっとも重篤なものに、血栓症があります。例えば、片脚だけにギュッと握られたような痛みがある、ふくらはぎのあたりがうずくように痛む、といった症状は血栓症の疑いがあります。今まで経験したことのないような激しい頭痛や、胸を刺すような鋭い痛みなども、血栓症の症状によくみられるものです。こういった症状があらわれたら、すぐに医師に相談してください。

ピルは原則的に閉経を迎えるまで服用できますが、年齢が高くなると血栓症のリスクが高くなるため、特に40歳以上では注意が必要です。基礎疾患がないか、肥満や高血圧がないかなどで、リスクの評価は変わってきますが、**ピルを服用しているあいだは定期的に受診をして、問題が生じていないかをチェックすることが大切です。**

そのほかには、毎日決まった時間に服用しなければならないので、そのわずらわしさがデメリットになるかもしれません。

経済的な負担も軽く見ることはできません。低用量ピルの値段は、本書を執筆している2023年8月時点で、保険診療で処方される場合は1シート（約1カ月分）500～2350円程度です。そのほかにクリニックの診察代がかかります。

デメリットをたくさん挙げたので心配になってしまったかもしれませんが、かかりつけの医師としっかりコミュニケーションをとり、メリットとデメリットを比較して、自分にとってプラスになるような選択をしたいものです。

女性は一生を通じて女性ホルモンに大きく揺さぶられます。だからこそ、私たちのほうから、積極的に女性ホルモンをマネジメントするような選択ができないか考えていきたいものです。ピルについて正しく知ることは、その選択肢を一つ増やすことになりえるでしょう。

Chapter.
4

お母さんには
言いづらい。
でも、
気づいてほしい。

女同士。だからこそ、わかり合えないこと

一般的には、こういうときに起こりやすい」と説明されるような、からだに関する困りごとには、あてはまる人とあてはまらない人がいます。前章まででお話しした生理痛や月経前症候群（ＰＭＳ）についても、すべての女性が困っているわけではなく、生理のときになんらかの悩みを抱える人は約8割、その中で治療が必要なほどの生理痛を抱える人は約4割。「自分は生理で困っていない」「生理前の体調のイマイチさも感じない」という女性がいらっしゃるのも事実です。

生理に関して困りごとがないこと自体は、とてもいいことです。何かご自身に合った取り組みを続けていたり、生活習慣を工夫したりして、良い状態をキープできているのかもしれません。あるいは、特に努力や工夫をしなくても良い状態がキープできる、ラッキーな方なのかもしれません。

ただ、生理を経験しているからこそ、「生理ってこんな感じよね」と自分の状態を一般論としてとらえがちになります。なんともない人が、生理痛がつらいとか生理前

にこころの状態が落ち込んでしまう人のことを想像できないために、女性同士であっても相互理解できないケースが、少なからずあります。

「あまり生理に、困っていない」という方たちにはぜひ、自分とは異なる困りごとに悩みながらすごしている女性がいることを、知っていただきたいなと思うのです。

というのは、そのような想像力を持てるかどうかが、人間関係に大きく影響するからです。友だち同士であればまだいいかもしれません。問題になりやすいのは、女性同士のあいだに上下関係があるときです。例えば、上司と部下の関係で、上司の女性が生理に困ったことがなく、部下の女性が生理痛がつらい場合。上司が想像力を持てなかったとしたらどうでしょう？　部下の側が一方的に我慢しなければいけない状況になると、人間関係がうまくいきませんよね。

母と娘の場合も、このケースによく似ています。

例えば、10代の娘さんが「生理痛でおなかが痛い」と言ったときに、お母さんが「多少痛いくらいなら我慢しなさい」とか「おなかを温めれば楽になる（だから痛み止めはいらない）」といったアドバイスをすることは十分にあります。

ここで気をつけなければいけないのは、**娘さんが感じている生理痛の程度と、お母**

同性だからこそわかり合えない。そう思っているぐらいでちょうどいい。

さんが感じてきた生理痛の程度は、同じではないという点です。言葉にすれば当たり前に聞こえますが、生理は女性なら誰でも経験するものだからこそ、自分の経験をもとに相手の「生理痛」をイメージしてしまう、「自分バイアス」がかかってしまうのです。

お母さんがイメージする「生理痛」の範囲に、娘さんが訴える痛みやつらさが含まれていればいいのですが、そうではない可能性ももちろんあります。

母と娘の関係は、上司と部下のような上下関係ではありませんが、娘のほうが知識や経験が圧倒的に少ないという意味で、対等ではありません。母が自分の経験からよかれと思ってしたアドバイスに対して、娘のほうは「そういうものかな」と思ってしまい、結果的に、痛みを我慢し続けたり、医療へのアクセスが遅れたりすることも起こりうるわけです。

「自分バイアス」に関連して、スポーツドクターとして女性アスリート支援にかかわっている際に興味深い経験をしました。それは、運動指導者が女性アスリートが抱える不調に対する対処を学んだ場合、女性指導者よりも男性指導者のほうが、「痛み止めをしっかり使おう」「低用量ピルも選択肢に入れよう」「練習量を調整しよう」といった、具体的な提案ができる場合がある、ということです。

これもやはり「自分バイアス」が生じるかどうかにかかわっていて、男性には生理に対する「自分バイアス」がない分、普遍的で科学的な知識を得れば、適切な指導ができる可能性があるのです。

一方、女性の場合は、気をつけないと「自分バイアス」がかかってしまうので、「これぐらい大丈夫でしょ」「あなたたち、まだがんばれるでしょ」というような言葉になってあらわれてしまうことがあるのでしょう。

もちろん、同性の指導者でも「自分バイアス」にとらわれずに、適切なアドバイスができる方はたくさんいらっしゃいます。「相手の経験は自分の経験とは異なるかもしれない」という想像力を持てているから、相手の困りごとに対して、どういうアドバイスをするのが適切かを判断することができているのだと思います。

娘さんもいずれは自分のからだのことを自分で判断できるようになりますが、それまでは、保護者として、また、人生の先輩として、母親の影響はとても大きく、かつ、果たす役割は非常に大切です。**同じ女性であっても、娘が自分とは異なる経験をしているかもしれないという想像力を持って、困りごとを受け止めていただけたらありが**

たいです。

「学校に行きたくない」それ、ホルモンバランスの影響では？

お母さん世代の方に、ご自身の若いころを振り返っていただきたいのですが、「自分がどういうときに調子が悪いと感じるか」について、自分なりに把握できるようになるまでには、けっこうな時間がかかったのではないでしょうか。

自分がなぜイライラするのかわからず、しばらくするとイライラは収まるのだけれど、なぜ収まるのかもわからない。それを何度か繰り返すうちに、どこかでＰＭＳという言葉に出合い、「もしかして私のイライラの原因はこれかも」というふうに気づいていったと思うのです。

思春期の娘さんが、体調不良を訴えて「学校に行きたくない」と言うとき、体調不良の原因がはっきりしないことはよくあります。病院でいろいろ検査をしても異常が見つからないとすると、慢性的なストレスによる自律神経の働きの不具合などが考えられるでしょう。

ただ、それに加えて、**すでに生理のある年齢の場合は、月経周期にともなう不調を疑ってみていただきたい**のです。

生理痛の場合は、出血しているときに痛みやつらさを感じるので、子ども自身が「生理でつらい」と理解することができますが、ＰＭＳの場合、「自分のつらさはＰＭＳによるものだ」と思いつくためには、ある程度の知識と観察が必要になってきます。

そう考えると、まだ月経周期が安定しないような年齢の娘さんにとっては、自分の体調不良が生理と関係があるかもしれないという考えに至るのは、なかなか難しいかもしれないですよね。

実際に、娘が学校を休みがちなことを心配した親が、体調不良のタイミングと生理のタイミングに関連があることに気づき、婦人科で治療を始めたところ、学校を休まず通えるようになったという例もあります。

生理痛やＰＭＳといった、生理にまつわる不調を放っておかないでほしいのは、からだやこころがつらいという目の前の困りごとのほかにも、未来においていろんなデメリットを生じさせるからです。

まず、学校に通う年代の女性の生理痛が重い場合、そうでない女性と比べて、学校を欠席する回数が増えることが、有意な差をもって報告されています。欠席の回数が増えれば、授業についていくことが難しくなるかもしれませんし、学校の成績が下がることにもつながるでしょう。

学業以外にも、重い生理痛が家族や友人との関係に良くない影響を及ぼすことも知られています。学校を休みがちになると友だちとの関係をうまく築けないというのは想像しやすいでしょう。

家庭内では、娘さんの側からすると、自分がつらい状態を訴えたときの対応によって、家族に対して不満が残ります。一方、家族の側からすると、娘さんのつらさが理解できず「生理痛ぐらいで学校に行かないなんて、なまけてるんじゃないの」という気持ちが生まれることもある。そうすると、お互いに相手に対する信頼が損なわれてしまうという悪循環が生じてしまいます。

それ以外にも、痛みのために十分な睡眠がとれなくて、うつになりやすくなるとか、さらには、自傷行為を引き起こす割合が増えるという報告もあります。

これらの報告は、生理痛が重い場合（月経困難症）の研究によるものではありますが、わかりやすい痛みではなくても、生理からくる体調不良によって、同じような結果が生じることは十分に考えられます。「学校に行きたくない」という理由は、必ずしも生理や女性ホルモンにまつわるトラブルとは限りませんが、その可能性もあることを念頭に置いて、しっかりと娘さんの話を聞いてくだされればと思います。

そして、生理痛やPMSに対してどのように対処するかというのも、お母さん世代の経験と、現在のスタンダードではかなり異なります。「私のころは多少体調が悪くても我慢して学校に行ったものだ」という「自分バイアス」は持たず、まずは話を聞く、そして困っている本人の立場に立ってみて、かける言葉を選んでください。その上で、治療へのアクセスなど、前向きな対策を一緒に探してみていただければありがたいです。

成長期におすすめのいろんな体の動かし方

スポーツドクターとして女性アスリートのサポートをしているため、成長期の子どもの運動について相談されることがよくあります。Chapter.1の「生理不順や無月経でもあわてないで」（21ページ）でも少し触れましたが、厳しいトレーニングで生理が止まるとか、18歳になっても初潮がこないといった状態は、必要なエネルギー量が足りていないためにエストロゲンの分泌が十分ではないというサインととらえ、食生活を見直す、そして練習内容など消費されるエネルギー量を見直すといった対策をして、きちんと生理がくる状態で運動を続けることが大切です。

では、もっと幼いときからスポーツに取り組むことについては、どう考えればいい？　無理のない運動ってどれくらい？　そんな疑問について、少しお話ししてみたいと思います。

思春期よりも前、からだが成長しつつある子どもの運動に関していえば、現代では、過度な運動よりも、運動量の少なさのほうが問題になることが多いと思います。

もともとは、家の外でからだを動かして遊ぶことが、知らないうちにからだの成長にプラスになっていたわけですが、今や、遊びといえばスマホやタブレットがメインという子どもが少なくありません。意識的にからだを動かさなければ動かさずに済んでしまうので、「6歳以上の子どもは、1日に1時間程度の運動が必要」と、あえて運動が推奨されるようになりました。

では、実際にどんな運動をすると良いのでしょうか。

子どもが好きで、からだを動かしたくなるようなものであればなんでもいいのですが、一つ大事なことがあります。それは、**特に幼少期には、できるだけ多種のからだの動きを経験させたい**、ということです。というのも、運動神経を含む神経系統は、5歳から6歳ぐらいまでにぐっと伸び、その年代で成人の約8割の状態にまで成長することが知られているからです。

少し補足すると、子どものからだは、すべての部位や働きが同じスピードやリズムで成長していくわけではなく、器官や機能によって、成長の速度やパターンが違っていることが知られています。

生まれてから成熟するまでの発育量を100としたときに、各年齢における発育の割合を段階的に示したグラフは「スキャモンの発育曲線」（次ページの図4－1）として、ジュニアスポーツの世界ではよく知られています。ヒトの発育のパターンは「神経系型」「リンパ系型（免疫をつかさどる）」「一般型（筋肉や骨格）」「生殖器型」の4パターンに分けられていて、それぞれ異なるカーブを描きながら成熟していきます。

この知見をふまえると、運動神経が急激に発達するのは5歳、6歳ぐらいまでであ

図4－1　スキャモンの発育曲線

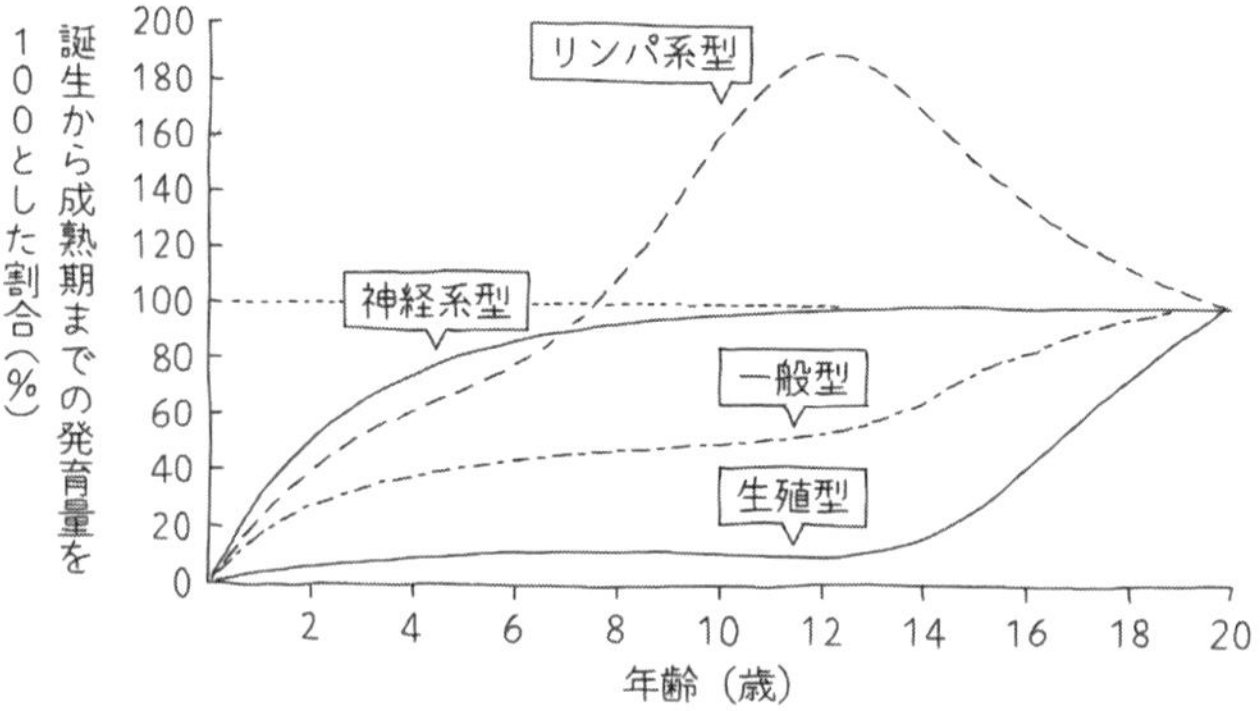

一般型	以下の３パターンに属さないもの。身長、体重と肝臓など内臓の発育。乳幼児期までは急激に発育、その後定常状態になり、思春期である12、13歳ごろからまたペースが上がる。
神経系型	脳重量（脳全体の重さ）を基本に、小脳、眼球などの発育で計測する。出生後から急激に発育を始めて、４、５歳までには成人の80%、６歳で90%程度に達する。
リンパ系型	免疫力を向上させる胸腺、扁桃、リンパ節などリンパ様組織の発育。生後から12、13歳にかけて急激に発育し、一時成人のレベルを超えるが、思春期後に成人のレベルに戻る。
生殖器型	男児の陰茎・睾丸、女児の卵巣・乳房・子宮などの発育。男子の場合10～12歳ごろまではわずかな成長、14歳あたりから急激に発育する。女子は男子より２年程度早く、中学、高校に入ると発育がより鮮明になる。

参考文献：藤井勝紀「発育発達とScammonの発育曲線」（スポーツ健康科学研究 35:1～16,2013）

り、この年代には何か特定の種類の動きに集中させるよりも、走る、投げる、跳ぶ、登る、泳ぐ、ひねる、さかさまになる、飛び降りる、転がるなど、ありとあらゆるからだの動きを経験させることが望ましいわけです。

さらに5、6年経って、10歳前後になると、動作の習得が得意な時期になります。いわば何かの「まね」をする動作です。はじめてチャレンジするような動きでも、一度お手本を見せると、パッとできてしまったりするのがこの年代です。何かの「まね」から、動作を身につけていくことも多いことでしょう。つまり、子どもの身体的な成長には、さまざまなからだの使い方を経験させる機会、正しいからだの動かし方を「まね」する機会が必要だといえます。

そして、もう一つ大事なアドバイスは、育ち盛りの子どもが運動量に対して、適切なエネルギー量を摂取できているか、ここを気にしていただきたいのです。成長期はからだが育つ、そのためにもエネルギーを消費している時期ですから、しっかりと運動をして、しっかりとエネルギーを摂る。成長期の運動で大事なことは、これにつきるのではないでしょうか。

#「やせたい」。娘のボディイメージと向き合うには

女性にとって「食べる」ということは、エネルギーを摂ること以上の意味を持ってしまうことがあります。なぜかといえば、多くの女性には大なり小なり、理想の体型や体重といったもの——いわゆるボディイメージ——が常に頭の中にあって、それがエネルギー摂取に大きく影響を及ぼすからです。

思春期の娘さんを持つお母さんのなかには、「娘が極端に食べなくてやせているのが心配だ」とか、反対に「太っているのが気になる」といった、娘の体型に関する心配ごとを抱えている方も少なからずおられます。

まずお願いしたいのは、**娘さんが思春期を迎えるもっとずっと前から、「あなたはそのままで十分かわいいんだよ」というように、ありのままの娘さんを認めて、その思いを言葉にして伝えてほしい**、ということです。そして、おそらく多くのお母さんは、当たり前のこととして、そういったコミュニケーションをとっています。

ただ、親の思いを届けることができていると思っていても、思春期を迎える年代に

なってくると、親の言葉では納得しないケースが増えてきます。誰かに――例えば異性の同級生に――体型のことをからかわれて、自分が太っている、やせなければいけないと思い込んでしまう。それがいきすぎると、神経性やせ症といった病気につながっていく。そんなことが起こりうるわけです。そんなとき、娘さんにとって、母親が相談できる存在であることはものすごく重要なことなのです。

ここで、エネルギー摂取とボディイメージの関係について、少しお話しします。やせているか太っているかを判断する基準として、ボディマスインデックス（BMI）というものがよく使われます（次ページ図4－2）。BMIは、体重（キログラム）を身長（メートル）で2回割って出す数値です。ただ、成人における指標であって、児童にはあてはまりません。

正常とされている数値は18・5～25のあいだで22前後である体格が望ましいとされています。ためしに日本人女性の平均身長（158センチメートル）で、BMI22である体重を計算してみると、55キロなんですね。「意外と重いな」と思いませんか？

身長158センチの方の正常BMIの上限と下限を計算してみると、BMIが18・5である体重は47キロで、25である体重は62キロ。つまり、身長158センチの女性

図4－2　身長158cmの人のBMIの例

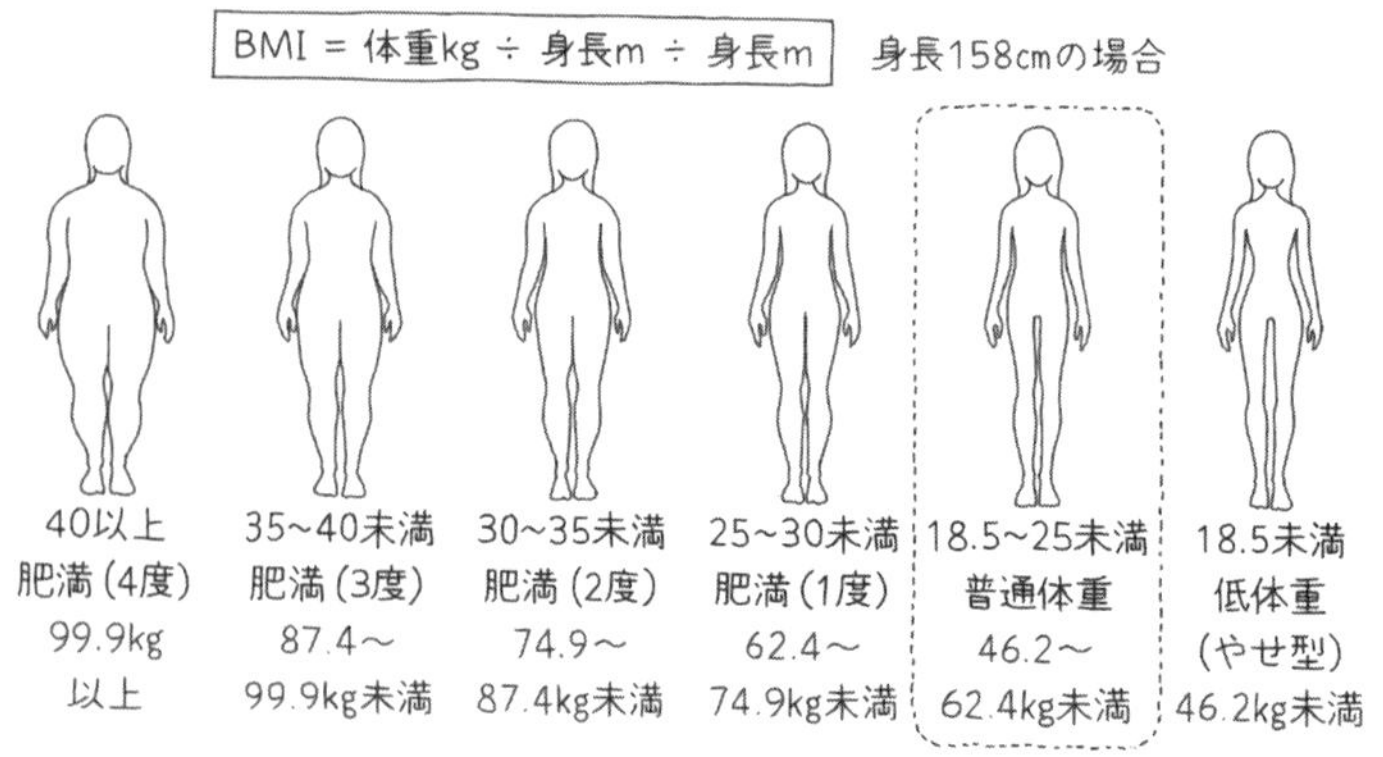

BMI ＝ 体重kg ÷ 身長m ÷ 身長m
身長158cmの場合
40以上
肥満（4度）
99.9kg
以上
35～40未満
肥満（3度）
87.4～
99.9kg未満
30～35未満
肥満（2度）
74.9～
87.4kg未満
25～30未満
肥満（1度）
62.4～
74.9kg未満
18.5～25未満
普通体重
46.2～
62.4kg未満
18.5未満
低体重
（やせ型）
46.2kg未満

は、47キロから62キロぐらいのあいだであれば、肥満でもないしやせでもなく、もともと正常とされている範囲がかなり広いわけです。

　BMI値が高すぎれば肥満ということになり、若いうちから生活習慣病を発症するリスクが高くなるなどの問題はあります。しかし**日本の女性の場合、BMI値が低すぎる「やせ」のほうが広く社会的な問題になっているのです。**

　やせの女性がどれぐらいいるかというと、BMI18・5未満の人の割合は、男性が3・9%なのに対して、女性は11・5%。20代女性に限って言うと20・7%もいて、5人に一人は明らかなやせということになります。[*3] そして、

【＊3】厚生労働省「令和元年国民健康・栄養調査結果の概要」

ここで大きな問題となるのは、本人としては「私はそんなにやせていない」という感覚でいる方が多いという点です。

つまり、客観的な基準でいえば「とってもやせている状態」を、自分にとっての「理想の体型」と認識しているということです。こういった状態を「ボディイメージの認知のゆがみ」と言うことがありますが、この認知のゆがみがエネルギー摂取に影響して、極端に食べる量を減らしたり、食べ吐きを繰り返してしまったり、という行為につながっていくわけです。

認知のゆがみは何によって起こるのでしょうか。

その最大の原因は、街の中にあふれている、女性のからだの理想化されたイメージです。テレビや雑誌を見れば、細いモデルさんばかりですし、やせましょう、ダイエットをしましょうという誘い文句がいたるところで目に入ってきます。

アパレルショップにいけば、飾られているマネキンは細いマネキンばかりですし、売られている服もサイズのバリエーションは多くはなく、SサイズかMサイズが当たり前であるかのように大量に売られています。

こういった状況を毎日のように目にする若い女性たちが、「私も細い洋服を着られなきゃいけないんだ」という気持ちになったとしても、無理もないことだと思います。**今の日本に生きている女性のほとんどは、頭のどこかで「太りたくない」と思いながら食事をとっているようなものです。この状況こそ、変えていかなければいけないのではないかと思っています。**そして、社会が、「やせているほうがいい」と刷り込むのではなく、「望ましい体型とはこういったものだよ」「ふつうにもいろんなタイプがあるし、すごく幅があるものなんだよ」というメッセージを、具体的なイメージとして、伝えていく必要があるのだと思うんですね。

体重が減った増えたと、体重計の数字に一喜一憂するよりも、からだを動かしやすいかどうかとか、調子がいいかどうかといったことに目を向けるほうが、ずっと大事です。

もしも娘さんが、自分のボディイメージについて悩んでいる様子があれば、社会が押し付けてくるイメージにとらわれなくていい、と伝えていただければと思います。

ファーストブラを、一緒に選ぼう！

成長期の女の子が、自分のからだの変化とどう向き合っていくかという観点から考えてみると、おっぱいがふくらみ始めるということも、かなり重要なできごとですよね。胸がふくらみ始めるのは、まさに「思春期の始まり」とされているわけですが、見方を変えれば、ボディイメージを子どもなりに意識する最初の機会ともいえます。

おっぱいの発育は個人差がとても大きくて、体格のいいお子さんだと、小学3年生ぐらいから目立ち始めます。意外に早いなと感じる方もいるかもしれませんね。

娘さんが8歳、9歳ぐらいになってくると、ファーストブラ――カップ付きキャミソールやブラトップも含めて――をいつごろから使わせるか迷うお母さんたちがおられます。

娘さんがもう中学生や高校生で、「ファーストブラの年代はもうすぎてしまったよ」という方もいらっしゃるかもしれませんが、女の子のからだがどのように発達していくかについて、あらためてお話ししてみたいと思います。

Q. ファーストブラを準備するのは、いつがいいのかな……

まず、こちらの疑問についてですが、そもそも、思春期のからだの変化（第二次性徴）はどのように起きるのでしょうか。順を追ってみると、

おっぱいが大きくなり始める
←
脇毛やおまたの毛がはえてくる
←
身長がぐっと伸びる
←
初潮がくる

こういう順番になっています。

小学生ですと、体育の授業などで素肌にじかに体操服を着ることが多いかと思うのですが、体操服は白だったり薄手だったりして、おっぱいや乳首が透けたり形がわかってしまうことも少なくありません。そんな心配を感じたら、ファーストブラを使

い始める一つの目安にすると良いでしょう。

というのも、小学3年生、4年生ぐらいで着用し始めるブラトップやジュニアブラといったものは、胸を支える役割というよりも、乳首を目立たなくするという意味のほうが大きいからです。

しかし、体育の授業を親が見ることはほとんどありません。ですから、娘さんが嫌な思いをする前に、**3年生ぐらいになったら折を見て、「お友だちでブラをつけている子はいる?」といった話題を出してみる**といいかと思います。

娘さん　「○○ちゃんと□□ちゃんはおっぱいが大きくなってきてるよ」
お母さん「そうなんだ、おっぱいが大きくなるのは自然なことだよ。あなたにもそういうときがもうすぐくるから、何か変化を感じたらお母さんに教えてね」

こんな会話がそのタイミングでできるといいですよね。

Q. どんなブラジャーを選ぶといいですか？

この疑問については、今は「ファーストブラ」と銘打たれた商品が数々売られていますから、選ぶこと自体はそれほど問題にはならないと思います。デパートでもショッピングモールでもいいので、一緒に下着コーナーへ行って、まずはいろいろ見てみる機会を持つといいでしょう。子どもはそこで、少し先の未来、自分がお姉さんになったときのイメージというものを、自然に目にします。

当然ですが、ブラにはいろんなサイズがあるし、いろんなデザインがあります。**大人の女の人には、おっぱいが大きい人も小さい人もいれば、ふっくらした人もほっそりした人もいる。そのどれもがありうることで、それぐらい人間のからだというものは多様なのだということに触れる。**

娘さんにとって、そのときはっきりとはわからないかもしれないですが、多様性に触れるチャンスととらえれば、ファーストブラを選ぶという機会が持つ意味が、また一つ豊かになると思うのです。

Q. どうして、おっぱいはふくらむの？

こんな疑問にも、世の中からあやふやな情報を仕入れてきてしまう前に、親の口から伝えられるといいですよね。

この年代の子どもにとって、おっぱいは「赤ちゃんにあげるもの」というイメージが強いのではないかと思います。この時期のどこかのタイミングで、お母さんが娘さんに、

「おっぱいが大きくなるのは、赤ちゃんにおっぱいをあげる準備をするという意味なんだよ」
「あなたも将来、赤ちゃんを産んでお母さんになるかもしれない。からだが変化していくのはそのための準備なんだよ」

のような話ができるといいなと思います。

子どもを産めるということと生理がくることには大きなかかわりがあるわけですから、あわせて、近いうちにやってくる生理というものについて、話し始めてみるのもいいかもしれません。

少し脱線しますが、おっぱいがふくらみ始めたあとに、身長が1年で8センチほど伸びるような成長のピークを迎えます。この成長のピークを迎えてから1〜2年後に、最初の生理、すなわち初潮がくるとされています。言ってみれば、いつごろ初潮がくるかについて、からだつきの変化が教えてくれているようなもの。

身長が伸びてきているころに、まだ生理についてしっかりと話せていないのであれば、この1年ちょっとのあいだに計画的・段階的に話す機会を持つ必要があると考えてください。つまり、ファーストブラを買いに行くというイベントは、その最高のきっかけになるといえるのです。

おっぱいがふくらんできて、からだつきが丸みをおびてくるというのは、ほとんどの女の子が経験する変化ではありますが、お子さんによっては、そういう自分に嫌悪感を抱いたりすることもあります。同級生に体型をからかわれて深く傷つく、といったことも起こりえます。そういった経験をしながら、からだもこころも成長していきます。

しかし、なんらかの理由で、からだの変化に対する受け入れが悪いと、摂食障害や神経性やせ症につながったり、自分自身が価値のある存在だと感じにくくなったりしてしまうなど、その先の人生に色濃く影響することもありえます。

お母さんたちには、娘さんが自分のことをありのままに受け入れられるようサポートするような、そんなコミュニケーションを持っていただけたらありがたいです。

娘の交友関係やいじめについて親ができること

学校でのできごとを、子どもが親にどのぐらい話してくれているかは、多くの親御さんが気になるところでしょう。男の子に体型をからかわれたといったことも、打ち明けてくれる子どももいれば、親には言わない子どももいます。親としては、学校でいじめられていないかしらといったことは、特に心配の種でしょう。

家庭の外での子どもの交友関係に、親がどのくらい介入すべきなのか、どこまで把握しておくべきか、その適切な程度は環境にもよりますし、一概に答えを出すことはできません。ただ、一ついえるとしたら、子どもたちが日々さまざまなことに直面するなかで、なにを感じ、どういう考えを持つのかという子ども自身の内面には、親は介入できないということです。

子ども自身を一人の人格として認めること。子どもには子どもの社会やコミュニティがあることを認識すること。母と娘の関係においては、この考え方がベースにあることが望ましいと私は考えています。

その上で、子どもにとってもっとも身近で信頼できる人、なにかあったときに真っ先に相談できる人が、親であってほしい。そう思っています。

こうした関係性をどのように築いていくか。

子どもが思春期を迎えてからつくろうとするのは、簡単ではありません。もちろん、いつからでも「遅すぎる」ということはありませんが、できれば小学校に上がる前から、母と娘の――息子の場合でも同じですが――話をする、話を聞く、そんな当たり前の関係性を良く保つことが望ましいです。そして、この努力は、子どもの側に求めるのではなく、親の側が努めなければいけません。

では、どんな努力が要るのでしょう。

まずは、子どもが幼稚園や保育園で教わることを親も守る。嘘をつかない、ごまかさない。あいさつをする、相手に対する思いやりをもつ。どれも、基本的なことですが、親の立場からすると、どうしても時間がとれず、おざなりな対応をせざるをえないときもあると思うんです。そんなときも、あとで時間をつくってちゃんと話す。

子どもが、親から一人の人間として認められている感覚を持てること、親が自分と同じ立場に立って話をしてくれていると感じられることが、とても大事です。

「嘘をつかない」には約束を守ることも含まれます。しかしながら、例えば、「今度のお休みに遊園地に行こうね」といった子どもとの約束が実行できないこともあると思います。そういうときは、なぜ実行できなかったかを説明して理解を求める。そして、代替策を相談する。大人が社会においてミスしたときと同じですよね。

相手が大人であればするであろうことを、自分の子どもだからといって省略しない。これが一番大事なことで、そういう接し方を子どもが幼いときから続けることが、親子の信頼関係を育てていくのだと思います。

そして、娘さんがすでに思春期だったり、もっと大きくても、あきらめることはありません。ぜひ、今からでも始めてみてくださるとうれしいです。

子どもが成長するということは、親の庇護から離れて、少しずつ遠くへと歩き出していくことでもあります。学年が上がるにつれて、親が見ていない時間はどんどん増えていきますし、すべての交友関係を把握することはむずかしくなっていきます。

そういう状況のなかで、親としては、ふるまいに変化がないか眺めたり、「最近どう？」「何か困っていることない？」と聞いてみたりすることしか、子どものこころをのぞく方法は、おそらくありません。親から見て、近ごろ様子がおかしいなとか、いじめられているのではないかと心配したとしても、本人が問題を自覚して解決したいと望んでいなければ、ものごとは動かないわけです。

だからといって、働きかけるのが無駄だということではなく、「今日どうだった？」と聞くことは、本人に一日を振り返ってみることをうながすでしょうし、「私はいつでもあなたのことを気にかけている」ことを伝えるメッセージにもなります。

この積み重ねが、いざというときに「こんな問題を抱えていて、解決したいから助けて」と子どもが言い出せる関係性をつくるはずです。

それ以外に親にできることがあるとしたら、子どもの世界に介入していくことではなく、大人同士の良い関係性を築いておくことかもしれません。例えば、同じクラスの親同士が密なコミュニケーションを持てていることで、子どもがいじめた・いじめられたという問題が起こったときに、感情的になることを避け、具体的な解決策を話し合う環境を整えることにつながります。

「子どもたちがどのような関係性であったとしても、親同士は良いコミュニケーションを持っていましょうね」という空気をつくっておくことが、子ども同士のトラブルを解決する助けになるはずです。

学校の先生との関係もそうですね。何か問題が起きたときに、学校と家庭で連携して対応できる状況にしておくことは、子どもの大きなメリットになることでしょう。

「もっとかわいく生んでほしかった」と言われたら

娘さんが中学生ぐらいになると、「ピアス問題」が発生するご家庭があるのではないかと思います。ピアスをしたいと言われたとき、認めるべきか、反対するべきか。親に黙ってピアスホールを開けてきたときに、強く叱るべきかどうか。「こういうとき、親としてはどういう態度をとるべきか」と悩みますよね。「ピアス問題」について、私の考え方を少しお話ししてみたいと思います。

まず、**中学生でピアスをすることは、医療的にはなんら問題はありません。**本人としては、おしゃれをしたいとか、憧れの人に近づきたいというイメージがあって、ピアスをしたいと言っているわけなので、校則に問題なければ禁止する理由って特にないよね、というのが私の考え方です。

ピアスを良くないものとする理由として、「親からもらったからだに傷をつけるなんて」という考え方が聞かれますが、この世に生まれた瞬間から死ぬまでずっと無傷でいるなんてことは考えられないわけですから、転んだケガで傷がつくのとピアスで傷つけるのは別だというのも、子どもからしたら説得力に欠けると思うんですね。

「大人になったらいいよ」などと条件を付けるのも、子どもを独立した人格として扱うならば、あまり望ましい回答ではないように思います。

ピアス以外にも、メイクや髪型など、思春期の娘さんが自分の外見に対して「こうしたい」「こうでありたい」という気持ちを持つこと自体は、ごく自然なことです。その気持ちに対して、からだに傷をつけないでほしい、できるだけ自然にすごしてほしいという気持ちはわからなくはないのですが、もしかすると親のエゴかもしれない、とも思うわけです。

外見を気にするようになった娘さんが思わず、「もっとかわいく生んでほしかった」「お父さんに／お母さんに似なければよかった」などとつぶやいてしまうのも、よくあること。

親としては、そんなことを言われてもどう返事をすればいいか、言葉に詰まってしまいます。親からすれば、娘にそんなことを言われたら悲しいでしょうし、ドキッとして、申し訳ない、ごめんねと思う親御さんもいるかもしれません。

ですが、小さいときから「あなたはそのままでかわいいよ」「お母さんにとってはあなたが一番だよ」と伝え続けてきたのであれば、娘さんは親の思いをきっと十分に受け取っていることでしょう。

自分の顔とどう付き合っていくかについては、娘さんが自分で考えて決めていくしかない。娘さんの一時的なうらみごとを、親が真に受ける必要はないんです。親と子が別の人格であるとは、そういうことなのです。

本人がどうしても嫌なら、整形したっていいと思うんですよね。ただ、最終的なその決断に至る前に、一重まぶたが嫌ならアイプチをしてみるとか、鼻を高く見せるようなメイクを工夫してみるとか、試せることはいくつかあります。お母さんが、人生の先輩として娘さんに伝えられるのは、そういった工夫やアドバイスなのかなと思います。

子どもたちは家庭の中だけでなく、学校をはじめとする社会に属していますから、100パーセント本人の望みをかなえられるとは限りません。校則で禁止されていることもあるでしょうし、医療行為にはリスクもともないます。そんなときに、「**じゃあどうする？」と相談できる相手が親だとしたら、子どもにとってこんなに心強いことはない**と思います。

思春期には、誰かのひと言で深く傷つくことがある一方、誰かのひと言で自分を好きになる瞬間も訪れます。そうやって成長していく過程を、一番の応援団として適切な距離感で見守っていく。そんなふうに考えてはどうでしょうか。

息子がいるなら、知っておきたいこと

思春期の始まりに男の子のからだに起こる変化について、ここで少しだけ触れておきたいと思います。

男の子の親御さんに知っておいていただきたいのは、同年代の女の子と比べて、急激に力が強くなる、ということです。個人差はあるものの10歳ぐらいまでは女の子のほうが先に身長が伸びるのですが、そのあと、男の子のからだがぐっと大きくなるタイミングがやってきます。女の子は脂肪量が増えてからだが丸みをおびてくるのに対して、男の子は筋肉質になっていく。力が強くなり、持久力もついていきます。

ですから、それまでと同じような感覚でじゃれあっていたつもりでも、女の子にとっては暴力になってしまう可能性があるわけです。ちょっと叩くだけでもすごく痛かったり、ちょっと押したくらいのつもりが突き飛ばしてしまったり。

中学2年生、3年生ぐらいになれば、男女に体格差があることを子どもたち自身が認識するので、そういうトラブルは起こりづらくなるのですが、小学校高学年ぐらいのころというのは、女児も男児もさまざまな体格の子どもが入り交じっています。背が低かった子が1年で急に大きくなった、というようなことがふつうに起こる。

当の男の子からすると、今までちょっとじゃれあうぐらいのことは問題なかったわけですから、**女の子に対する加減がわからない時期**ともいえます。

ですから、**男の子のお母さんには、女の子は、自分とは違うからだつきに変わっていく時期なのだということを、息子さんに伝えていただけたらと思います。**今まではみんな同じだったけど、男の子はお父さんみたいになり、女の子はお母さんみたいになっていくんだよ、というかたちで、男の子にも、少し先の自分というものをイメージしてみてもらってください。

以前にこんな質問を受けたことがあります。

Q. 娘と息子がいます。性について話す内容やタイミングを変える必要がありますか？

これも特別に考える必要はなくて、女の子は女の子の特徴に、男の子は男の子の特徴に変わっていくことを伝えればいいのではないかと思います。同じ家の中に近い年ごろの異性がいることで、お互いに「ここが違うね」という点を知ってもらえるという意味では、異性のきょうだいがいることのメリットは大きいと思います。

ただ、きょうだいでなくても、お互いの違いについてイメージを得ることはできるはずですから、きょうだいの構成については気にすることはないでしょう。

子どもが「不登校」。母親としてのつらさ、どうしたらいい？

こころの不調を訴えて受診される方のなかには、お子さんが学校にいけない、いわゆる不登校の状態にある方がいらっしゃいます。女の子の場合もあれば男の子の場合もあるし、小学校低学年の場合もあれば、中学生の場合もあります。お子さんが不登校というケースが顕著に増えているなと、診察を通して感じています。

2022年10月に文部科学省が発表した調査[*4]によると、学校を長期に休んでいる児童・生徒はおよそ24万5千人にのぼるそうです。その数はここ数年でぐっと増えていて、私の体感を裏付けるものでした。

お母さんたちの話を聞いていると、不登校にもさまざまなパターンがあるようです。ゴールデンウイーク明けや夏休み明けなど、長期休暇のあとに行けなくなるパターンは少なくないようですし、はじめは行き渋っていたけどなんとか行けていたのが、だんだん休みがちになって、あるときからパタッと登校できなくなる、というようなケースも多いとのこと。

【＊4】令和3年度児童生徒の問題行動・不登校等生徒指導上の諸課題に関する調査結果

子どもの暮らしぶりも、家から一歩も出られない、誰にも会いたくないという場合もあれば、お友だちがうちまで来てくれればそこではおしゃべりするけれど、玄関から先へは出られない、といったケースもあるそうです。

親としては、自分の子どもだけが取り残されていくような感覚を味わって心配したりあせったりするし、子どもに対しても、どういう態度で接したらいいのか、悩むわけです。

不登校そのものについては、この時代、学ぶ方法はいくらでもあるのだから、学校に行かなくても自分で学べばいいや、というぐらいに割り切って考えることもできると思います。

外の世界とまったく切り離されてしまうと、子どもの好奇心を刺激するものが少なくなってしまいますから、外からの刺激を多少はとりいれることが望ましいわけですが、今はオンラインで人と話したり授業を受けたりすることもできます。

一方で、中学校までは義務教育ですから、どういうかたちであれ、学校教育とつながっておくことは親の義務だと思います。ときには子どもときちんと向き合って、中学校で勉強することと同じくらいの内容を、うちにいても勉強しよう、と伝える機会

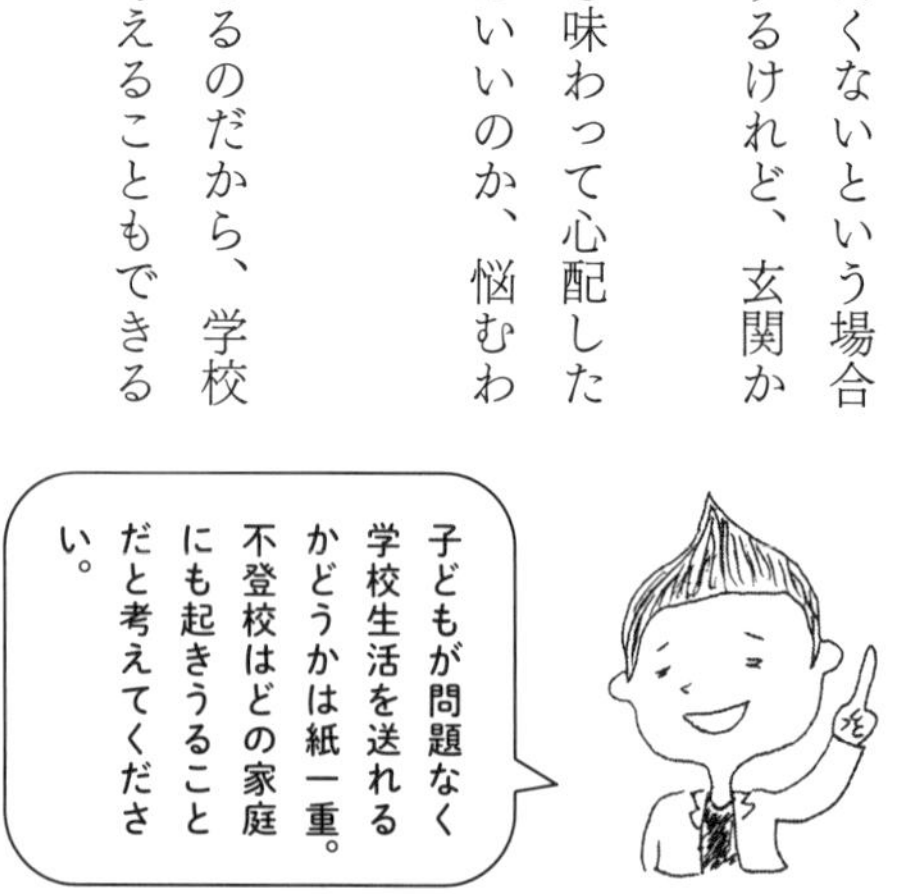
子どもが問題なく学校生活を送れるかどうかは紙一重。不登校はどの家庭にも起きうることだと考えてください。

は必要でしょう。また、世の中には、中学校へ通わなくても、あるいは高校へ行かなくても、大人になって成功する人は確かに存在します。ですが、それは、ごく限られた、ものすごく運のいい人だよねというイメージを、お子さんと共有できるといいかもしれません。

この年代ではこういう経験をしておこう、というプランが組まれているのが義務教育ですから、「あなたはその経験をパスしてしまっているのだ」ということを伝える。その上で、「お子さんが何に興味を持っているのか？」ここが一番大事なポイントです。親としては、学校に行かない子どもが、一日をすごすなかでどんなことなら積極的に取り組むのか、この子の好きなことってなんだろうという目で眺めてみて、その部分のサポートに注力していくのはありなのかもしれません。

このように、学校に行けない・行かないお子さんへの対応についてはいろんな可能性を考えることができますが、もう一つの大きな問題は、子どもの不登校によってお母さんがつぶれてしまう、悲鳴を上げているという点です。

子どもが不登校であることが大きな悩みやストレスになって、夜眠れないとか、考えを頭の中でうまくまとめることができない、緊張する場面でパニックになってしまう、といったこころの不調があらわれる方が少なくありません。

また、子どもが学校に行かずに家にいることで、どうしても親の行動が制限される場面が出てきます。例えば、こころの不調を自覚してホルモン補充療法を始めたが、お子さんがどうしてもお母さんがそばにいてくれなければ嫌だというので家から出られず、薬も取りにいけないという状況だという方が、実際にいらっしゃいました。

本書を執筆している2020~2023年は、たまたまコロナ禍と重なって、リモートワークになったおかげで子どもと一緒にすごすことができているが、この先どうしたらいいかわからない、という具合に悩みを深めていくケースも見られました。

こういった状況にあるお母さんを支える方法が、私たちの社会には足りていないんですよね。


この問題に対して、特効薬というものはおそらくないのだろうと思います。不登校になった原因を探ってみても、同級生にいじめられたとか、先生の言葉に傷つけられたといった、典型的なケースもあるかもしれませんが、本当にささいなきっかけで、これまで当たり前にできていたことができなくなってしまうこともある。

そして親は、結局のところ、子どもの選択を受け入れるしかなくなってしまう。

しかし、成長の過程でほかの子どもたちが経験するような機会が失われているのは確かなことで、その機会をうまくつくっていく取り組みは必要ですが、みんなと同じ教育を受けなくてもいいと親が前向きに理解を深めることができたら、自分も楽になるし、子どもも楽になるというケースがきっと多いのではないでしょうか。

子どもの人生を親が代わってあげることはできません。親子であってもやっぱり別々の人格で、そばにいられるかもしれないけれど、その人に成り代わることはできないんです。**まずは一緒にいる、そして本人が話したいことがあるのであれば、親の意見をはさまずちゃんと聞く。**そんな姿勢でいるのがいいのかなと思います。

お母さんからすると、お母さん自身が、選べる選択肢が一つもない環境にいるように感じることでしょう。

しかし、子どもの不登校は、あくまで子どもの課題です。

お子さん本人が自分なりのこころの開き方を見つけるまで、お母さんはあまり巻き込まれすぎないように、お母さん自身が調子の良い状態を保っておくことが、不安定な状態の子どもにとっても良いことといえるでしょう。

Chapter.
5

人生を、
まず自分で守るために。
セックスと
HPVを
語り合おう。

7 人生について娘に話す三度のタイミング

ファーストブラを買いに行くとか、生理について教えるといったことと比べると、性——セックスや性交、性行為と呼ばれるもの——のことをあらたまって話すのは、ぐっとハードルがあがると感じる方が多いかもしれません。子どもが思春期に差し掛かるころには、お互いに気恥ずかしさを感じるのもわかります。

「そういうことは学校で教えてほしい」という声もありそうですが、性についての学びの機会は学校と家庭の両方であるのが望ましく、家庭の役割は決して小さくありません。

ここで少し、性教育について、私の考えをお話ししてみたいと思います。

私自身は、特に性教育に力を入れて活動してきた産婦人科医ではありません。性教育に関しては、学校教育の現場で長く取り組んでいる先生方がいらっしゃいますし、医師のなかにも、行政と連携しながら、子どもたちに性やセクシュアリティーについての授業を長年にわたり届けている方が何人もいらっしゃいます。そういう方たちの思いは、ぜひ受け取っていただければと思っています。

一方で、私が産婦人科医としての知見をみなさんにお届けしたいのは、女性の健康と人生そのものをサポートしたいという強い思いがあるからです。

産婦人科医として、またスポーツドクターとして、女性のからだとこころの健康に携わってきて思うのは、情報を手に入れるタイミングがいかに大事かということです。

さまざまな患者さんと出会うなかで、あらかじめ知っていたら選択肢をもっと持てたのに、という場面にいくつも立ち合ってきました。例えば、子宮頸がんの検診を受けていたら、もっと早くがんを見つけられたのに、とか、ピルを使いたいと思っても、40歳を超えているために積極的には使いにくいとか、ホルモン補充療法をしたくても、閉経から時間が経ちすぎてすすめにくいというように。ですから、「伝えるタイミング」が本当に大事なのです。

「自分の人生を生きる」とよくいわれますが、それってどういうことなのかと考えることがありました。気づいたのは、**私たち一人ひとりがいろんな選択肢を持ち、その中から自分で選び取るというプロセスであり、その積み重ねが人生なのだ**ということでした。

それは更年期であっても思春期であっても同じで、だからこそ、子どもに性について教え、選択肢を持たせ、主体的に選ばせることが、とても大事になってくるのですね。

では、その「伝えるタイミング」とはいつでしょうか。

私自身は、人生について考える機会は、3回あったらベストかなと思っています。

一度目は、第二次性徴と呼ばれる、からだつきが変わっていくタイミング。女の子は脂肪量が増えてやわらかくなり、男の子は筋肉質でごつごつとしたからだつきに変わっていきます。女の子には初潮というセンセーショナルな変化が訪れますから、ただ出血するという表面的な説明ではなく、からだの内側で何が起きているかをしっかりと伝える必要があるということは、ここまでお話ししてきたとおりです。

二度目は、セックス（性交渉）に興味を持ち始めるタイミング。中学生から高校のはじめぐらいにかけては、性的なことに興味を持ち始めたとしても、その先に起こるできごとについてのリアリティーはまだないころです。そういう時期に、この先どんなことが起こりうるのかを、リスクを含めて知る機会があることが望ましい。

男子にコンドームのことを伝えるのであれば、女子にはピルについて伝える必要があると思います。

三度目は、高校や大学を卒業するタイミング、就職して社会に出る前、ちょうど成人のころでもいいかもしれません。こういったタイミングで、自分の人生について俯瞰し、考えてみる機会を持っていただけるといいなと思っています。自分の仕事と人生をどういうバランスで組み立てていくか、早めの段階で考える機会を持つことが、その先の人生設計にプラスになると思うからです。

特に女性の妊孕性《にんようせい》（妊娠できる力）は、30代後半から明らかに低下します。仕事や趣味に熱中して、充実した時間をすごしているうちに、はたと妊孕性の低下という現実を突きつけられる。その段階から妊娠したいと思っても、ハードルがものすごく高く感じられることでしょう。

これらの段階において、必要な情報を適切に手に入れることができれば、女性の生き方はきっと変わっていくでしょう。もちろんあとから学び直すことも大切ですが、それが人生のタイムライン上であまりに遅すぎると、リカバリーできないぐらいの遅れになってしまうことがあるんだということも、知っておいていただきたいと思います。

子どもたちへ、男の子にも女の子にも、はじめての性交渉をもつ前に伝えておきたいことがたくさんあります。性についての学びはそれらをあらかじめ届けるものだと、私はとらえています。

直球質問が来た！「赤ちゃんはどこからくるの？」

あらためて、思春期の子どもに性についてどう教えるか、について考えてみたいと思います。

先ほど、「性交渉に興味を持ち始めるタイミング」と述べましたが、これも生理やファーストブラと同じで、それまでにどれだけ準備ができているかが大事になってきます。正直に言えば、子どもが思春期になってから急に「さあ、性について話しましょう」というのでは、やはりちょっと遅いのです。

「赤ちゃんはどこからくるの？」という好奇心が何歳で芽生えるかは、その子によって異なりますが、おおむね4歳から5歳ぐらいと言われています。

そして、子どもと信頼関係を築くための「嘘をつかない」ルールを守るのであれば、事実ではない言い方でごまかしたり、「あとでね」といってそのままにしたりするのは良くありません。この質問が飛んできたら、子どもに性について伝える取り組みがスタートしているととらえてみませんか。

考えてみると、「赤ちゃんはどこからくるの?」って、すごい質問ですよね。赤ちゃんが生まれてくるためには、お父さんとお母さんが出会うことが必要だし、精子と卵子が結合することが必要だし、着床して妊娠が成立し、無事に分娩することが必要だし……という具合に、たった一つの質問から、壮大なストーリーへと広がっていきます。

そして、性交渉というものも、このストーリーに欠かせない要素ですね。そのように位置づけると、いやらしさや気恥ずかしさは、あまり感じないのではないでしょうか。

「赤ちゃんはどこからくるの?」が、4歳とか5歳の無邪気な質問であれば、

「お母さんのおなかの中だよ」

「おなかの中で大きくなって、外へ出てくるんだよ」

でいいと思います。そこから、じゃあどれくらいのあいだおなかの中にいるのかとか、

どこを通って出てくるのかとか、子どもの好奇心に合わせて、少しずつ説明を足していけばいいでしょう。

その次の段階として、子どもの好奇心は、「赤ちゃんはどうやってできるの？」という疑問を生むだろうと思いますから、ここで精子と卵子が結合して赤ちゃんができるという過程を説明することになります。

ただ、大人の私たちもなんとなくはわかっているようで、いざ説明しようとすると、意外に混乱するものです。例えば、私が小学校低学年ぐらいの子どもに聞かれたら、こんなふうに説明するかな、という内容をまとめてみます。

赤ちゃんができるためには、男の人と女の人が必要です。

もう少し正確に言うと、男の人が持っている精子というものと、女の人が持っている卵子というものが必要です。

その精子と卵子はどこにあるかというと、からだの中の貯蔵庫なんだけど、貯蔵庫のある場所が、男の人と女の人とでは違っています。

男の人の場合は、おちんちんの近くにあるたまたま（袋）で、正式には

「せいそう（精巣）」といいます。

女の人の場合は、おなかの中にある「らんそう（卵巣）」と呼ばれるところです。

精巣と卵巣の一番の違いって、何かわかる？

卵巣はおなかの中にあって外からは見えないけど、精巣はからだの外の出っぱったところにあるんだね。

精子と卵子が出合うためには、おなかの中で待っている卵子のところまで、精子を運んでいかないといけないんだね。

そうして、出合うことができたら、それが赤ちゃんができるスタートになるんだよね。

ここまでが第一段階かなと思います。どうでしょう？

「小学校低学年ではまだ早いのでは？」と思う方もいるかもしれませんが、子どもが性的なことに興味を持つよりも前に話すことが望ましいと思います。それによって興味を持つのはむしろ「あり」です。正しい段取りで知識に触れてほしいからです。

セックスについて科学的に伝える

次の段階は、「どうやって卵子のもとへ精子を運ぶの？」ということになりますが、ここでようやくセックス（性交渉）が登場します。性交渉について説明しないと、「赤ちゃんはどこからくるの？」という質問に、ちゃんと答えたことにはなりません。

小学校高学年ぐらいになれば、はっきりとはわからないけど、なんらかの赤ちゃんができるできごとがあって、その結果として赤ちゃんが生まれてくることはイメージできていると思うので、そうしたら、次の段階へ進みましょう。

本人がどのあたりまでイメージできているのかがわからなかったら、「どうしたら赤ちゃんができるのか知ってる？」と聞いてみてもいいかもしれません。

この段階で話す内容は、このようなものになると思います。

——男の人と女の人がいないと赤ちゃんは生まれなくて、女の人のおなかの中——

で待っている卵子のところに、男の人の精子を運んでいかなきゃいけない。精子を卵子のところまで運ぶための方法が、性交と呼ばれる行為なんだよ。セックスといったりもする。

あなたのおまたがどうなっているかというと、縦に線が入っている割れ目の状態なの。その内側にくぼみがある。そのくぼみの奥のほうに、卵子が待っている場所があるんだよ。

一方、男の人のおまたがどうなっているかというと、おちんちんというかたちで、外に出っぱっているよね。つまり、男の人のおまたと女の人のおまたは違うかたちになっていて、パズルのピースがはまるように、準備されているの。

うまく組み合わさると、男の人の精子が、女の人の卵子のところまで運ばれていって、うまく育つと赤ちゃんになるんだね。

このように伝えると、娘さんにも抵抗なく説明できると思うのですが、どうでしょうか？　次ページの図５－１も参考にしてみてください。

じつは、ここまでのストーリーには、少し省略した部分があって、それは排卵につ

図５－１　女性と男性の生殖器

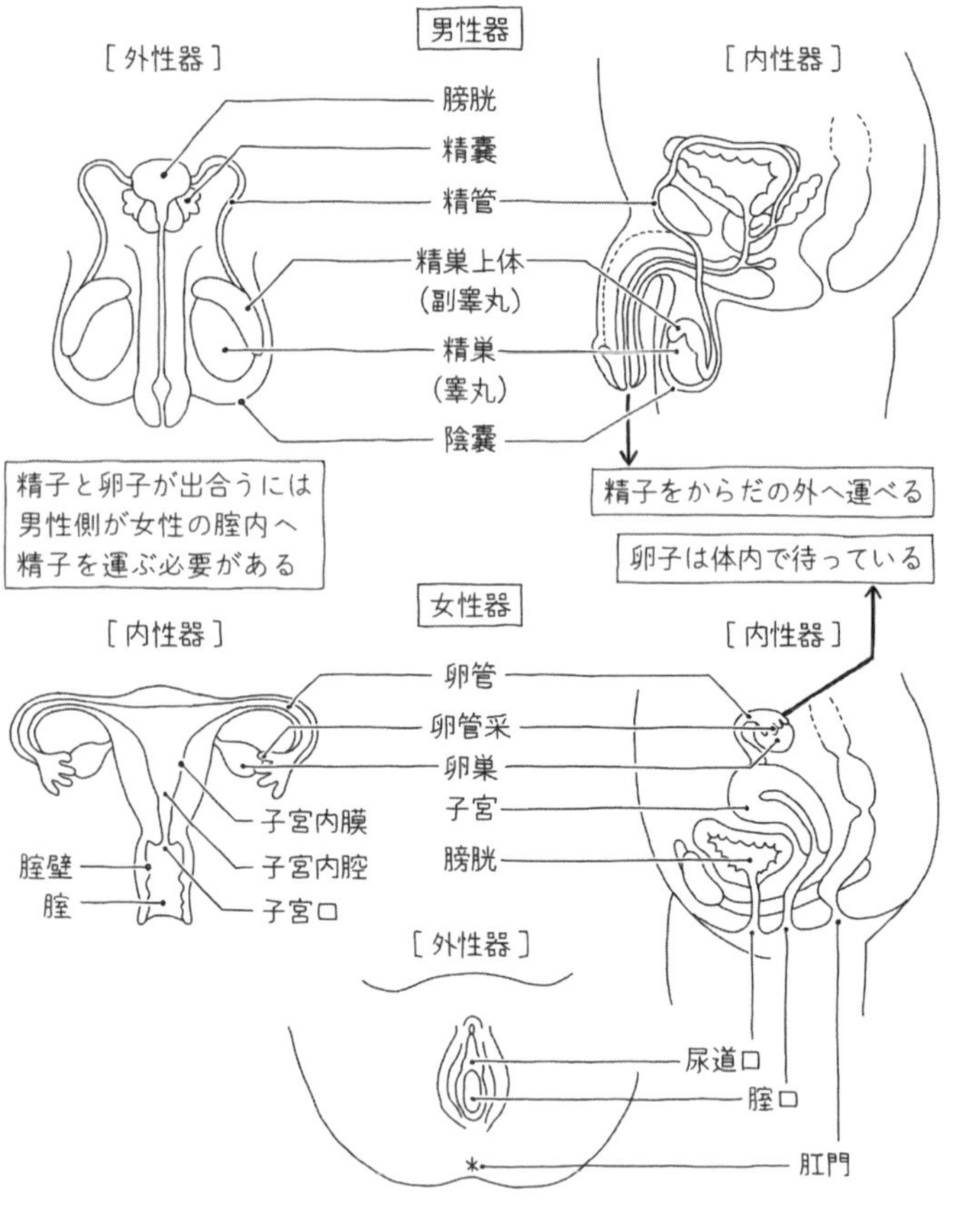

男性器
[外性器]
[内性器]
膀胱
精嚢
精管
精巣上体
(副睾丸)
精巣
(睾丸)
陰嚢
精子と卵子が出合うには
男性側が女性の膣内へ
精子を運ぶ必要がある
精子をからだの外へ運べる
卵子は体内で待っている
女性器
[内性器]
[内性器]
卵管
卵管采
卵巣
子宮
膀胱
子宮内膜
子宮内腔
子宮口
膣壁
膣
[外性器]
尿道口
膣口
肛門

いての説明です。排卵についての説明を足すと、生理につなげることができます。こんな感じです。

卵子は、ひと月に一回、貯蔵庫からおなかの中に出てくるよ。これを「排卵」と呼ぶの。

排卵すると、女の人のからだは、赤ちゃんがやってくるかもしれないと思って、準備を始めるんだよね。

でも、赤ちゃんはそんなに何度もやってこないでしょ？　だから、赤ちゃんのために準備したものを、そのつど、からだから手放すというできごとが起こるの。

それが生理なんだよね。

ここまでくれば、ようやくストーリーは完結です。

女性の人生と健康をサポートしたいという私の思いからすると、「一生のうちに排卵する卵子の数は決まっていて、年をとるにつれてどんどん減っていく」「妊孕性にはタイムリミットがあり、出産に適した年代がある」という話もしたいところですが、それはまた次の段階でいいのかもしれません。

補足として、「赤ちゃんができるためには、男の人と女の人が必要」という話をするときに、「生き物としてそういう仕組みになっている」と言い添えていただけるといいかなと思います。というのは、妊娠することに限っていえば、特別な医療を介するのでない限り、男性と女性が必要になりますが、社会生活を送る上での「カップル」は、男性と男性、女性と女性であっても構わないからです。

生き物としての仕組み＝生物学と、人間社会の約束ごと＝文化と言ってもいいかもしれません。「多様な性のあり方があるよ」ということにも触れながら、子どもの好奇心にこたえていけるといいですね。

家庭での性教育のいいところは、途中でやめられることと、いつでも再開できることです。あまり構えずに、「お母さんがあなたぐらいのころはこうだった、こんなことを思っていた」といった昔話から始めてみてもいいかもしれません。

教えるというよりは、相手が話したくなる、尋ねたくなる可能性を念頭に、まずは自分から話し始めてみるといいのではないでしょうか。

「〝好き〟を否定しない」が恋愛トークのコツ

娘さんが小さいときは、性交渉に対する好奇心はあってもリアリティーはないでしょう。それが、中学生ぐらいになってくると、自分も実際に経験するかもしれないというリアリティーが芽生えてきます。そんなころ、親子でもう一歩、深い話をする機会があるといいなと思います。

好きな子がいるとか、だれだれさんに告白されたといったことを親に言うかどうかは、その子の性格にもよるので一概には言えませんが、親子の関係がまあまあ良好であれば、小学生のうちはいろいろ話してくれる可能性が高いと思われます。「バレンタインデーにチョコレートを渡したい子がいるんだ」という娘さんと一緒に手づくりチョコをつくるみたいな光景は、あちこちの家庭にあるでしょう。

ただ、そんなふうに、子どもがなんでも話してくれる状況というのは、じつはそんなに当たり前ではありません。話してくれたなら、親はむしろありがたいと思うぐらいがいいかもしれません。

小学生で彼氏・彼女ができたと聞いて、あれこれと心配になってしまう気持ちもわからなくはないですが、親にできることはやっぱり話を聞くことぐらいしかない。**子どもにとっては、「自分の〝好き〟という気持ちを否定されなかった」ということが大事なのです。**

ある調査[*5]によれば、中学女子でデートをしたことのある人の割合は、およそ3割だそうです。そんなことも話してくれるのであれば、今度のデートではどこに行こうかなとか、何を着ていこうかなといった相談にも、女友達のようにこたえてみればいいのではないかと思います。

そして、子どもが成長していくということは、親に秘密ができるということでもあります。どんなになんでも話してくれる関係でも、それがずっと続くことはまずないです。思春期になり、性的なことにもある程度リアリティーを感じるような年ごろになれば、肝心なところ——子ども自身が個人のプライバシーだと感じること——は隠すでしょう。

ですから、**話してくれないことが増えてきたなと感じるようになったら、そのときが、もう一度きちんと性交渉について話題にしたいタイミングだと思います。**

【*5】日本性教育協会 第8回青少年の性行動調査

このタイミングで話す内容には、二つ、押さえておいてほしい大事なポイントがあります。

一つ目は、**「性交渉の結果として妊娠することがある」**というリアルな事実が、お話の中に含まれていてほしいということです。

そしてもう一つは、**相手にキスなどを求められても、嫌だと思ったら断っていい、迷うようであれば先のばしにしていい**、ということです。もちろん自分もそうしたいと思えば受け入れればいいけれど、断ることもできる。自分のからだに関することを決めるのは自分だ、という点を強調していただければと思います。

幼い娘を性被害からどう守るか

性的な行為は、自分で判断できる年齢になっていれば、相手に求められたとしても受け入れるかどうかは自分が決めることであり、求めるほうは相手の同意を得ないといけないということは、当たり前の理解になってほしいと思いますし、この考え方が少しずつ社会に広がっているようにも感じています。[*6] ですが、一方的に性的な衝動を

【＊6】法律でも、相手の同意のない性的な行為が処罰の対象となるように、2023年6月に刑法が改正、7月に施行されました。また、性的同意年齢が13歳から16歳に引き上げられました。

押しつけられるようなできごとが起こりうるのも、また事実です。

万一のために、娘にどんなことを伝えておくことが望ましいか、少し考えてみたいと思います。

まだ幼い娘に伝えるとしたら、

お父さんやお母さん、おばあちゃんやおじいちゃんがあなたのことをかわいいと思うような「かわいい」とは違う、もしかしたら、あなたが嫌な気持ちになったり、怖い思いをするかもしれない「かわいい」という思いを持つ人がいることもあるんだよ。


という言い方になるのかなと思います。

つまり、幼い年齢であっても性の対象と見られることがある、ということです。


あなたももう少し大きくなったら、誰かとくっつきたい、（性的な意味を含めて）ふれあいたいと思うようになると思うけど、それは、本当に好きだと思える相手だったり、一緒にいて安心だと感じられる相手だからそういう気持ちを抱くんだと思う。

だけど、自分はそうは思っていないのに、一方的に相手からそういう対象と見られてしまうことがある。

特に男の人は、そういった衝動（気持ち）を抑えられないときがあるみたいなんだよね。

だから、何かおかしいなとか、これっていいのかな？と思うことがあったら、必ずお母さんに話してね。


このようなことを、遅くとも小学校低学年のうちには伝えられるといいのではないでしょうか。


大人の性的な欲求が子どもに向かっていたり、子どもに自衛を求めなければいけなかったりする状況を見聞きすると、いびつな世の中だなと思います。衝動をコントロールしなければいけないのは、当たり前ですが、大人の側です。

ですが、子どもたちの学校生活は意外に無防備で、例えば、スクール水着を着るとパッドが入っていなくて乳首のかたちがわかってしまうとか、おっぱいが大きくなり

最近は、家庭ででできる性教育の本がたくさん出ているので、手に取ってみるのもいいかもしれません。

始めている年代でもあるのに健康診断のときに上半身裸にならなければいけないとか、大人側のよこしまな気持ちのあるなしにかかわらず、プライベートゾーンが守られていない状況が見受けられるのも確かです。

子どもから大人へと育っていく過程において、性にまつわることで嫌な経験――トラウマとして、こころに深い傷を残すような経験――をすると、その後の人生を大きく変えてしまうであろうことは、みなさんにも想像できるでしょう。

その人に落ち度があるわけではないのは当然であり、大前提です。本人が一番、避けられることなら避けたかったに違いないことは、言うまでもありません。だけど、すでに起きてしまった。消せない事実を抱え、その後の人生において、その人がどのようにそこから回復していくか。そうした経験をうちあけられたとき、まわりがどのようにサポートできるか。どうしたらそんな経験をする女性を減らせるか、より効果の高い予防の仕方とは、といった社会全体で取り組むべき課題として、今後も追究し続けるべきだと思います。

「性にまつわる嫌な経験」というのは、深刻な性犯罪に限りません。

性被害にあってしまった人とあったことがない人のあいだには、くっきりと線が引かれているわけではなく、例えば、ちかんにあったことがあるとか、お兄ちゃんから嫌なことをされたことがあるとか、「言われてみれば、あれは被害といえるかもなぁ」と思いあたるできごとは、いくらでもありえるのです。

そこには無数のケースがあって、本人がどのくらい傷ついたか、そして、その後の人生への影響についても、色濃く影響を受けた人から淡くしか覚えていない人まで、まさにグラデーションのようなイメージです。

少なくとも、**何かあったときに娘さんが話してくれるかどうかは、親子がいろんなことを話し合える関係性であることが欠かせません。**幼いころから望ましい関係を築いていくことが、娘さんを守ることにつながるのです。

避妊について。中学生の娘へのアプローチ

子どもが思春期を迎え、性交渉にリアリティーを感じるぐらいの年齢になったら、性交渉のあとにやってくる可能性のあるできごととして「妊娠することがあるよ」と伝えてほしい、という話をしました。

思春期の娘さんにとって、自分の人生をどのように設計していくかを考えるのは、まだ早いようで、とても大事なことです。そして、妊娠・出産はもっとも大きいといっていいほどのライフイベントだからです。娘さん自身が、子どもを産みたいと思っているのか、産みたいとすればそのタイミングはいつがいいと思っているのかを、まだはっきりとは決められなくても、自分なりに考え、想像しておいていただきたいのです。

彼氏・彼女と呼び合う関係の相手ができて、手をつないだりキスをしたりという段階から、次のアクションに進むタイミングが訪れるかもしれない。その前に親として伝えたいメッセージは、それが妊娠する可能性のあるアクションであるならば、そして、あなたが今、子どもを産みたいと考えていないのならば、それなりの対応をする必要があるよね、ということです。

直接「あなた」のこととして話す前に、こんなアプローチの仕方がいいかもしれません。

――「10代の予期せぬ妊娠」ってよく社会問題として取り上げられるよね。――

学校に通う年代の女の子が妊娠したときに、赤ちゃんを産むことにその子の親は賛成するかもしれない。

でも、親以外の大人のなかには賛成しない人もいると思う。

このことについては、いろんな意見があってもおかしくないかもしれないよね。


ただ、「若すぎる妊娠に対して社会は厳しいぞ、だから良くないんだ」というのは、100％「そうだそうだ」とは言いかねます。産婦人科の医師としては、いつの妊娠だろうが、妊娠できたことは、間違いなく喜ばしいことだと考えます。だからこそ、そこで本人が産むことを選択するならば、まわりから十分なサポートを受けられる環境は整っていてほしい。そう願う気持ちもまた、私の率直な思いです。

ですから、避妊の話をするときは、まだ子どもだからダメとか、この先苦労するからダメという言い方ではなく、**「あなた自身は、今、子どもを産みたいと思うの？」「もしも自分が今、妊娠したらどんな生活になるか、イメージしてみるのって大事じゃない？」という問いかけであってほしい**のです。

子どもを持つのが「今じゃない」と本人が思うのであれば、じゃあどういう対応が考えられるかというと、性交渉を持たないことも一つでしょうし、ほかに自分にできることを探してみるのも一つでしょう。

コンドームの役割や使い方、低用量ピル（経口避妊薬）という選択肢についての情報にアクセスできて、はじめて性交渉を経験するときには、それらの知識をある程度持てている。そういう段取りが望ましいわけです。

避妊法についても、「自分で選ぶ」という考え方が中心になってくるといいなと思っています。

今の日本においては、避妊というとコンドームがファーストチョイスに挙げられる傾向がありますが、女性の立場からすると、コンドームは受動的な方法です。現にWHO（世界保健機関）ではコンドームを「性感染症対策」と位置付けていて、望ましい避妊方法とはしていません。ですから、相手が誠実か、信用できるかとは関係なく、「最終的な決定権が実際に妊娠・出産をする女性の側にない」という意味で、あくまで「受動的」です。

また、避妊の確実性という意味でも、コンドームはピルよりかなり確率が下がります。ピルは、飲み忘れなく服用していれば、99％以上の避妊効果がありますが、コンドームは理想的な使用法でも85%とされています。

ですから、避妊法として、男性が使用するコンドームに１００%期待するのは、決しておすすめできません。まだ妊娠を希望していないのであれば、性交渉を持たないか、ピルを完璧に――飲み忘れなく――服用するか、どちらかが今の日本におけるこの世代には一般的な選択肢でしょう。

お母さん世代には、避妊の目的でピルを服用することに抵抗のある人もいるかもしれませんが、Chapter.3の「ピルを使っていい年齢、おすすめできない年齢」（65ページ）のところで説明した、月経困難症を治療するための低用量ピルと、避妊を目的とした低用量ピルは、基本的には同じものです。

日本でピルが承認されたのは１９９９年で、お母さん世代が思春期のころには、避妊のためのピルそのものがありませんでした。その後も、避妊という言葉だけが独り歩きして、女性が自分のからだを守るために服用するものであるという目的は、なかなか広がっていきませんでした。

ですから、お母さん世代のみなさんがピルについてあまり知らなくても当然ともいえますが、**よく知らないから選択肢に入れないのではなく、娘さんと一緒に情報をアップデートしていただけるとうれしいです。**

性に関することや、子どもを産むかどうかといったことを、自分で考えて自分で決めること――セクシュアル・リプロダクティブ・ヘルス&ライツ（性と生殖に関する健康と権利：SRHR）と言ったりします――には、正しい情報へのアクセスが欠かせません。

大人が若い世代のためにできることの一つは、そういった環境を整えることなのではないでしょうか。

コンドームの二つの役割を復習しよう

コンドームは、女性にとっては受動的な避妊法だから、ピルのほうが確実だよね、と言いましたが、じゃあ、男性は避妊について何もしなくていいかといえば、当然ながら、そんなことはありません。

性交渉を持つということは、パートナーシップの一環ですから、やはりお互いに成長できる関係性であることが望ましいでしょう。であれば、相手に対しても、「今あなたはお父さんになりたいと思っている？　なりたいと思っていないなら、あなたがとるべき行動は、コンドームを使用することだよね」という話がふたりでできたら、最高だなと思います。

とはいえ、こういった話題をきちんと話し合えるパートナーシップを築くのは、大人にだってなかなか難しいですし、時間がかかるものです。まだそこまで関係性が深まっていない相手に対しては言い出しにくい、嫌われそうで言えないということもあるでしょう。

それが多くの女性の本音だと想像できるからこそ、若い人たちに対して、相手にちゃんと言えないようならつきあってはいけないとか、そんなことであなたのことを嫌うような相手ならやめておきなさいとか、私はそういうふうにも思わないんですよね。

すべては、自分の許容範囲にあるかどうかだと私は思っています。

まず、自分のからだのことは自分で決める、自分で守るという意識は必要です。そして、性交渉を持つかどうか、もつとしたらどんな相手（誰）ともつのかについて、交際のプロセスのなかであれば、自分で決められることなわけです。

産婦人科の医師としては、性交渉を持つという選択をするのであれば――そして、今は子どもを産むタイミングではないと思っているのであれば――、自分がピルを飲むことを選ぶというアクションにつながったらいいなと思います。

一方で、「彼もコンドームをつけてくれたらいいな」というのは、それよりもちょっと〝外側〟にあるんですよね。女性が希望したとしても、相手との関係性のなかで最終的には相手が決めることだからです。ですから、「仮に彼が100%自分の望むとおりに行動してくれないとしても、自分の身を自分で守ることができていて、この人と一緒にいたいと思うのであれば、おつきあいを続けていけばいいんじゃない？」というアドバイスをします。

ただ、こういう人だから仕方ないよねというあきらめ方ではなくて、お互い一緒に成長していきたいよね、関係性を深めるなかでいずれ変わってくれるといいなという思いは、持っていてほしいと思います。

また、コンドームには、避妊だけではなく、性感染症を予防する役割もあります。性感染症はピルでは予防できません。

性感染症についても、子どもが思春期を迎えたら、あるいは性交渉を経験する前に、きちんと伝えておきたいことです。

性感染症とは、性行為によって感染する病気を指します。梅毒、ＨＩＶ感染症／エイズ、性器クラミジア感染症、淋菌感染症など、性行為で感染する病気はたくさんあって、病原体の種類（ウイルスや細菌など）や感染してからの潜伏期間、症状が出るかどうか、どれぐらい重篤になりうるかといったことは、病気によってさまざまです。

知らないうちにパートナーに感染させることもあるし、パートナーのどちらかが感染していることがわかった場合、二人一緒に治療しなければ、再び感染する／相手に感染させることもありえます。なかには、不妊の原因になったり、妊娠している場合は、赤ちゃんに良くない影響を及ぼしたりもします。

手や口を使った性行為でも感染することがあり、コンドームでは予防しきれないものもありますが、安全性は相当程度高まります。コンドームを正しく使うことが、まずはとても大事なのです。

少しだけデータを紹介しますね。

「『〝好き〟を否定しない』が娘の恋愛トークのコツ」（131ページ）のところで触れた調査（2017年）によれば（次ページの図5－2）、中学生で性交まで経験す

図5－2　中学生から大学生までのセックス経験の推移

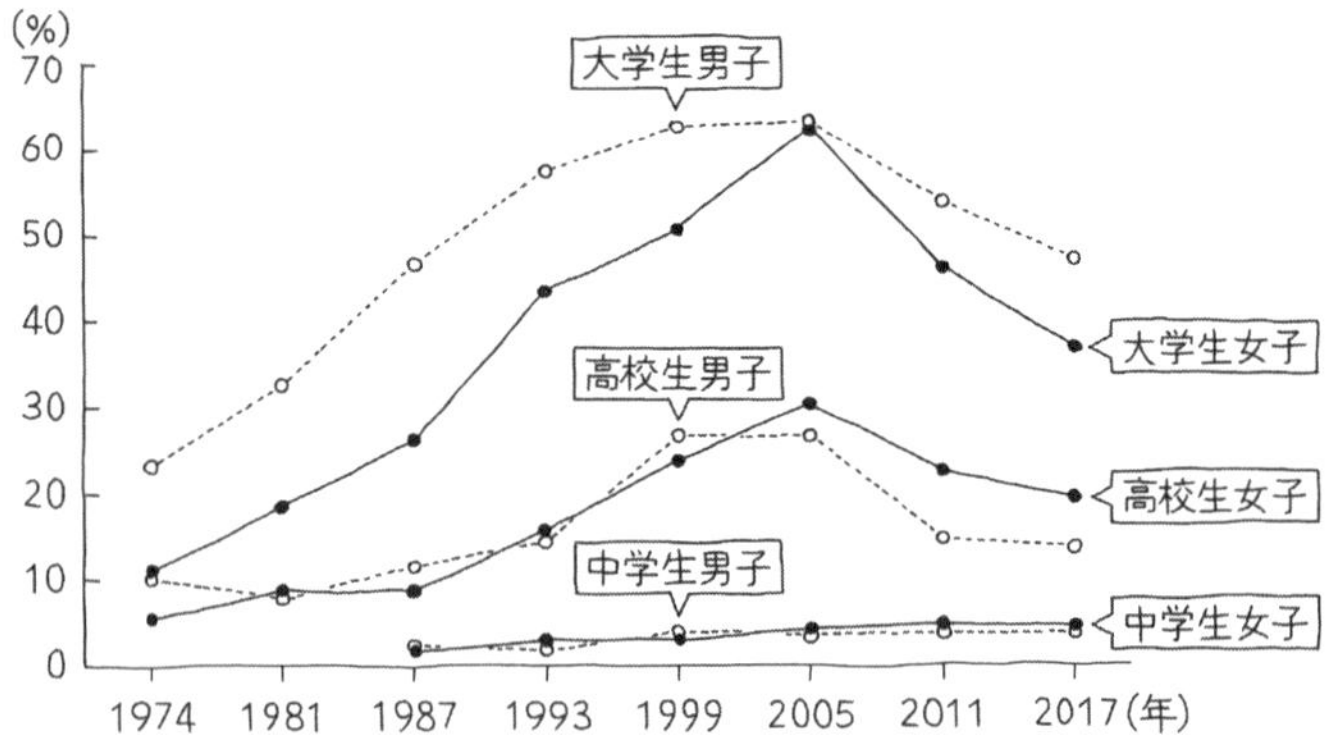
(%)
70
60
50
40
30
20
10
0
大学生男子
大学生女子
高校生男子
高校生女子
中学生男子
中学生女子
1974
1981
1987
1993
1999
2005
2011
2017(年)

る青少年の割合は、女子で4・5%、男子で3・7%です。これは、12年前の2005年の数字とあまり変わりません。

一方、高校女子の性交経験率を見ると、2005年の30・3%から、2017年には19・3%まで下がっています。大学生女子でも、62・2%から36・7%へ下がっています。

また別の調査ですが、結婚するまでは性交渉を持たないほうがいいと考えている高校生も、2割前後います。

こういったデータから、若年層の性行動は、早熟な子どもたちが一部にいる一方で、全体としてみればむしろ消極的になっていることがわかります。

これらの変化は一概に良いこと、良くないことといえるわけではありませんが、性交渉自体を持つか持たないかを自分で選んでいるととらえれば、自分の人生を自分で決めているともいえるでしょう。子どもたちが、自分のからだとこころの健康を守っていくために、必要な知識にアクセスできる環境づくりをお願いしたいです。

一緒に学んでほしい、ＨＰＶワクチンの今

ここで、子宮頸がんと、それを予防するワクチンについて触れておきたいと思います。

子宮は、子宮の入り口に近い子宮頸部と、本体にあたる子宮体部に分かれていて、子宮頸部に発生するがんを子宮頸がん、子宮体部に発生するがんを子宮体がんといいます。

日本では、1年間に約1万人が子宮頸がんにかかり、3000人前後が亡くなります。近年では、20代から30代で患者数が急増していて、女性には特に気をつけていただきたい病気の一つです。

子宮頸がんの原因は、性行為によって感染するヒトパピローマウイルス（ＨＰＶ）です。ＨＰＶには１００種類以上のタイプ（型）があって、そのうちの15種類に発がん性があるとされています。

ＨＰＶに感染しても、ほとんどの場合は免疫の力で自然に排除されますが、一部は感染が長期間持続し、前がん病変を経て、何年もかけてがんへと進行します。

前がん病変の段階であれば、子宮の入り口を切除するレーザー手術などの方法で取りきることが可能ですが、がんが周囲の組織に入り込んでしまう段階（浸潤がん）になると、子宮だけでなく、卵管や卵巣や膣の一部も失います。周囲のリンパ節も切除すれば、術後にリンパ浮腫が起こったりするなど、からだに大きなダメージを及ぼす方法でしか、命をつなぐことができなくなることもあるのです。

子宮頸がんとは命をおびやかす病気であるのは間違いないのですが、がんの中ではめずらしく、ワクチンで予防することができます。それがＨＰＶワクチンです。

このワクチンはウイルスの感染を防ぎ、病気を予防することができるというものです。はじめての性交渉を経験する前の10代前半で接種しておくことで、より、子宮頸がんなどの発症のリスクを下げることが可能です。

ＨＰＶワクチンのがん予防効果はさまざまな報告で明らかにされていて、世界の１１０以上の国と地域で、ＨＰＶワクチンの公費助成が実施されています。

日本では、２０１０年にＨＰＶワクチンの接種が公費で助成されるようになり、２０１３年に定期接種化されました。定期接種化とは、予防接種法という法律にもとづいて行われる接種のことです。ポリオや破傷風、結核（ＢＣＧ）、水痘などを予防するワクチンも、定期接種のワクチンです。

定期接種は、ワクチンの種類によって、接種する年齢や回数が定められています。ＨＰＶワクチンは、当時中学1年生から高校1年生相当の女子を対象に、保護者の同意のもと、半年から1年のあいだに3回（今は2回）、病院やクリニックにおいて無料で接種を受けられるようになりました。

しかし、その後、事態は混乱します。

接種後の痛みなどのさまざまな症状が報告されたことによって、厚生労働省が「副反応について詳しいことがわかるまで、積極的な勧奨を差し控える」という通達を出したのです。つまり、国からはおすすめしませんよ、という意味です。

公費助成のとき（定期接種化する前の数年間）は約70％だった接種率は、１％未満まで激減しました。

接種率1％未満がどれぐらい低い数字か、海外と比較してみると、イギリスやスウェーデンといったヨーロッパの国や、アジアでもマレーシアなどでは、接種率が8割を超えています。また、いち早く接種に取り組み始めたオーストラリアでは、近い将来、子宮頸がんを撲滅できるだろうと予測されています。

そういった国に比べると、日本ではワクチンのリスクについて非常に偏った情報が広まり、ワクチンが打てない状況が何年も続いていました。そのことには、産婦人科の医師として、とても残念に思う気持ちがあります。

ですが、2022年にようやく、厚生労働省による積極的勧奨が再開されました。あわせて、接種機会を逃した女性にも、無料で接種の機会が提供されることになりました。

今後は日本でも、世界のスタンダードに追いつくくらい取り組みが進み、検診とあわせることで子宮頸がんという病気そのものを心配しなくてよい時代がくることでしょう。


HPVワクチン接種後の混乱を経験するまでは、私たちは、あまり疑うことなく、さまざまなワクチンを打ってきました。お母さん、お父さんにしてみれば、ＢＣＧや水痘などのワクチンは自分も接種したものですし、子どもに打たせることにもほとんど抵抗がなかったのではないでしょうか。

それが、今回のＨＰＶワクチンで、ワクチンを打たせるべきかどうかが社会的に大きな議論になったことは、無思考で漫然と打つのではなく、一人ひとりが情報を手に入れ、しっかり考えて選択するようになったという意味では、良い変化だととらえることもできるのかもしれません。

ＨＰＶワクチンは、接種対象年齢が小学校6年生から高校1年生なので、きちんと説明すれば、本人が内容を理解すると思います。

ですから、親だけで打つか打たないかを決めるのではなく、親子で一緒に子宮頸がんやワクチンのことを知ってから、接種を決めていただけるといいなと思います。

ＨＰＶワクチンにはいくつか種類がありますので、ここで少し、整理して紹介しておきたいと思います。

現在、日本では、3種類のワクチンが存在しています（次ページの図5－3）。

「2価」とか「4価」といった言葉を聞いたことがあるでしょうか？

図5－3　HPVワクチンの種類と予防できる型

ワクチンの種類	商品名	予防できるHPV型
2価ワクチン	サーバリックス	16、18
4価ワクチン	ガーダシル	16、18、6、11
9価ワクチン	シルガード9	16、18、6、11、31、33、45、52、58

主流（9価ワクチン）

がん化に関与（16、18、31、33、45、52、58）

がん化に関与しない（6、11）

さきほどの１００種類以上あるＨＰＶの型のうち、二つの型を予防できるのが2価ワクチン、四つの型を予防できるのが4価ワクチンになります。

最初に登場した2価ワクチンはサーバリックスという名称で、ＨＰＶ16型と18型に対応しています。この二つの型は、日本における子宮頸がんの7割に認められるもので、陽性の場合は特に注意を要します。

4価ワクチンはガーダシルといって、16型と18型に加えて、6型と11型に対応しています。6型と11型のＨＰＶが引き起こすのは子宮頸がんではなく、尖圭《せんけい》コンジローマと呼ばれる性器にできる良性のイボです。

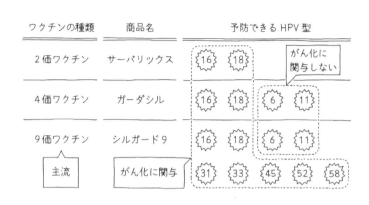

ちなみに、ＨＰＶは子宮頸がんだけでなく、中咽頭がんや男性の性器のがんの原因にもなることから、２０２０年にガーダシルの男性への接種が可能になりました。

三つめのＨＰＶワクチンとして、２０２１年に、シルガード9という9価のワクチンが発売されました。ＨＰＶ16型と18型、6型と11型に加えて、31型、33型、45型、52型、58型が予防できるようになりました。

シルガード9も定期接種の対象になり、現在は9価のワクチンが主流になっています。

ＷＨＯは、子宮頸がんの撲滅に向けて、２０３０年までにＨＰＶワクチン接種率を90％に、子宮頸がん検診の受診率を70％にするという目標を掲げています。

ワクチンの副反応は確かにゼロではありません。だからこそ、副反応が起きたときには医療者がきちんと対応しなければいけないと思いますし、ＨＰＶワクチンを打ったからといって１００％子宮頸がんにかからないというわけではありません。定期的な子宮頸がん検診の大切さについても、あわせてもっと広く知っていただく努力をしなければいけないなと思っています。

Chapter.
6

そもそも、子どもを産むって、どんなこと？

「あなたが生まれた日」のことを話してみよう

さきほど「思春期の娘さんにとって、自分の人生をどのように設計していくかということがとても大事なこと」とお話ししました。女性が仕事を持つのがめずらしいことではなくなって、子どもを産むか産まないか、いつごろ何人の子どもを産むか、女性が自分で考えて、選択する時代になっています。

一方で、「子どもは授かりもの」であることも、また確かです。これだけ科学が発達して、医療技術が進歩しても、**妊娠できるかできないか、どんな分娩方法になるか、どんな赤ちゃんが生まれてくるかは、私たちには選べないこと**なんですよね。

今の母親世代は、女性でもがんばればがんばっただけ自分の望むものに近づけると鼓舞され続けてきた世代ではないかと思いますが、妊娠・出産は、そういった分野とは別のところにあります。自分でコントロールできない領域があり、その事実を受け入れることも、人生においては大切な勉強なのだと思います。

これから大人になっていく娘さんたちが、この先に子どもを産むかどうかはわかりません。でも早い段階で、妊娠・出産についてのイメージをもっていてほしいのです。そして、お母さんは経験者ですから、少なくともご自身の経験を伝えることはできるはずです。

お産は女性にとって一大事です。ですから多くのお母さんたちは、子どもが生まれた日のことを、ドラマチックなできごととして記憶していると思います。

あくまでも経験にもとづくので、科学的な説明とは少し違っていることもあるかもしれませんが、お母さんなりのストーリーで構いません。「**あなたが生まれた日はこうだったんだよ」というストーリーを子どもに話してみることは、娘さんにとってとても意味のあることだと思います。**

そこから、「私も将来子どもを産むことがあるかもしれない」というイメージにつながっていったり、「子どもを産むってどういうことなんだろう」「私は子どものいる人生を望むのかな」と考えるきっかけになりうるからです。

日本は、周産期医療がとても充実している国の一つで、長年の取り組みの成果で、妊産婦や赤ちゃんの死亡率はかなり低くなりました。予定外のことがいろいろあっても――例えば、経腟分娩トライ中になんらかの事情で帝王切開になったりしても――、最終的には「無事に生まれてよかったね」「お母さんも赤ちゃんも元気ですよ」となるケースがほとんどです。つまり多くの人にとって、赤ちゃんはなにごともなく無事に生まれてくるのが当たり前で、これからお母さんになる女性が妊娠中に何かが起こるのではないかと考えることはほとんどないことでしょう。

しかし、そんな日本でも、1年間に30人前後がお産で命を落とします。世界に目を向ければ、もっとたくさんの女性が妊娠出産をきっかけに命を落とします。「お産は命と引き換え」という言葉は今もまだ生きています。

「100人いれば100通りのお産がある」といわれるぐらい、妊娠・出産にはさまざまなケースがありますが、一人ひとりのお母さんにとってはかけがえのないものです。その経験をぜひ娘さんに伝えてあげてください。

妊娠成立にまつわる、誰も教えてくれない三つのこと

かつては「寿退社」なんていう言葉がありましたが、今ではほとんど聞くことがなくなりました。結婚しても仕事を続ける女性が増えて、現在は共働き世帯が7割を占めています。

「寿退社」という言葉が消える一方で、ひんぱんに目にするようになったのが「妊《にん》活《かつ》」です。妊活とは、妊娠を望む男女がおこなうさまざまな行動をひっくるめて示す言葉ですが、これだけ広く使われるようになった背景には、**現代の女性たちの「妊娠できるかどうか不安」という気持ちがある**ように思います。

30歳でも、35歳でも、40歳でも、妊娠したいと思ってトライしたらすんなりと妊娠できました、というのであればまったく問題はありません。自然な流れで妊娠できるのが、ある意味では一番ハッピーなストーリーですので、良かったとなるわけです。

ところが、産婦人科医としてさまざまな女性たちと接してきて思うのは、働き始めて、結婚して、いざ子どもをつくろうとすると、なかなか妊娠できないという感覚をもつ方が大勢いるという事実です。

思春期の子どもたちに対して大人は、セックスを経験することで早くに妊娠してしまうことを怖れますが、私はむしろ、妊娠できる可能性のほうを、人生のタイムラインのずっと手前にいる若い女性たちにも知っておいてもらいたいと思うのです。

じゃあ、高校生や大学生といった、まだ妊娠を希望していない年代の方があんなにたくさん妊娠して悩みながら外来にきてくれるのはなぜだろうと思うわけですが、性交渉の回数が多いことも理由の一つに挙げられると思います。結婚していないカップルよりも社会人同士の既婚のカップルのほうが性交渉の頻度が低いし、そもそも性交渉をもちたいと思えるような気持ちと時間の余裕がないことも事実でしょう。

できるだけストレスフリーな状態で妊娠に向き合っていただくには、自然妊娠をするために何ができるかをちゃんと理解し、実践しているかが大事になってきます。

ところが、日本では、娘さんが成長していく過程で、**妊娠するにはどういう取り組みをすればいいかを学ぶ機会はほぼありません。**ここが現在の日本の社会における大きな課題です。

「人生の教育」としての性の学びには、「いつ子どもを産むか、誰の子どもを何人産むかといったことは、女性が自分で決められること」「そのためには、妊娠・出産についての基本的な知識をもっておく必要がある」というエッセンスが、しっかりと含まれていてほしいのです。図6－1もぜひ参考にしてみてください。

ここで、妊娠を希望する方に知ってほしい、自然妊娠のためのポイントを三つ、紹

図6－1　射精から妊娠が成立するまでのプロセス

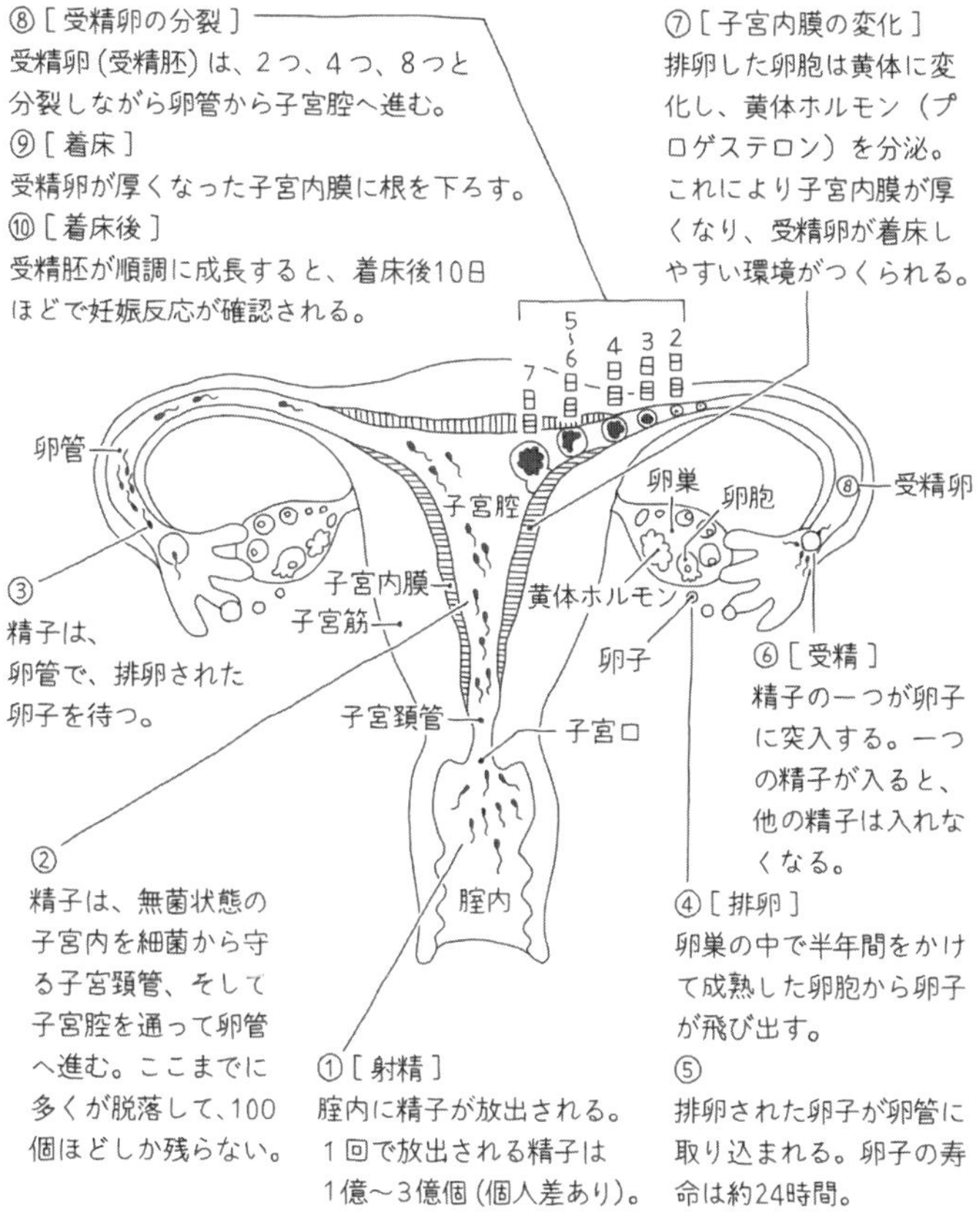
⑧［受精卵の分裂］
受精卵（受精胚）は、2つ、4つ、8つと分裂しながら卵管から子宮腔へ進む。
⑨［着床］
受精卵が厚くなった子宮内膜に根を下ろす。
⑩［着床後］
受精胚が順調に成長すると、着床後10日ほどで妊娠反応が確認される。
⑦［子宮内膜の変化］
排卵した卵胞は黄体に変化し、黄体ホルモン（プロゲステロン）を分泌。これにより子宮内膜が厚くなり、受精卵が着床しやすい環境がつくられる。
7日目
5~6日目
4日目
3日目
2日目
卵管
子宮腔
卵巣
卵胞
⑧受精卵
③
精子は、卵管で、排卵された卵子を待つ。
子宮内膜
子宮筋
黄体ホルモン
卵子
⑥［受精］
精子の一つが卵子に突入する。一つの精子が入ると、他の精子は入れなくなる。
子宮頸管
子宮口
②
精子は、無菌状態の子宮内を細菌から守る子宮頸管、そして子宮腔を通って卵管へ進む。ここまでに多くが脱落して、100個ほどしか残らない。

腟内
④［排卵］
卵巣の中で半年間をかけて成熟した卵胞から卵子が飛び出す。
⑤
排卵された卵子が卵管に取り込まれる。卵子の寿命は約24時間。
①［射精］
腟内に精子が放出される。1回で放出される精子は1億～3億個（個人差あり）。

介しておきたいと思います。

一つ目は、妊娠する確率について。避妊をせずに性交渉をして自然に妊娠する確率は20〜30％（29歳以下）で、およそ9割のカップルが1年（12カ月）以内に妊娠成立に至ります。そして、これらの確率は35歳以降ではぐっと減っていきます。

二つ目は、女性の月経周期を理解し、妊娠しやすいタイミングでトライすること。もっとも妊娠する可能性が高いのは、排卵日ではなく排卵日2日前あたり。排卵日には妊娠できる可能性がすでに下がっているため、特に性交渉の回数が少ないカップルは月経周期をしっかり把握しておくことが大事です。

三つ目は、男性側の事情について。当然のことながら、妊娠するかどうかの半分は男性にかかっています。例えば、精子が女性の体内で生きられるのは2日から3日前後だということも、タイミングを合わせるためには知っておきたい知識です。また、男性もストレスなどによって性交渉に支障をきたすことがあるとか、正常な精子がつくれない病気があるといったことも、共有しておくべき知識だと思います。

さらにいえば、**仕事をぎゅうぎゅうにつめすぎないとか、日々のタスクをちょっと減らすといった気持ちのゆとりを持てる状況がとても大切であり、いかに自然妊娠のための望ましい環境を自分たちで準備できるかが第一歩ともいえるわけですが、その**

自然妊娠のために、あなたとパートナーにもできることがあります。それを知らずに妊娠にトライしているのはもったいない！

必要性が強調されることはほとんどありません。

不妊治療を受ける方が増えている今、その前に、ちょっと待って、自然妊娠のためにできることがもっとあるんじゃない？　もう少し早めに妊娠に関する知識を持てたら、妊娠に苦労するカップルも減るのではないか？　そんな思いが強いです。

おなかの中の赤ちゃん、赤ちゃんがおなかにいるお母さん

いざ子どもをつくりたいという状況に直面してから妊娠のあれこれについて学ぶのではなく、人生のタイムライン上のもっとずっと手前で、妊娠・出産についての基本的な知識を持っておいていただきたい。そのために、私たち医療者も適切なタイミングで積極的に発信しなければいけないのですが、母と娘の会話のなかでも、自然に知識の受け渡しがされるといいな、と思ったりもします。

では、思春期の娘さんにどんな知識を届けてほしいのか。それは妊娠・出産についてのベーシックな部分です。

お母さんは妊娠・出産の経験者ですから、その経験を一つのサンプル「n＝1」と

して、こうだったよ、ああだったよと語っていただけたらうれしいです。もちろん、経験のみで語れるのは「n＝1」の部分でしかないというのも伝えたいことではありますが、まずお母さんの経験を娘さんが知る意義は大きいと思っています。その上で、普遍的でベーシックな部分に触れていただけるのが理想です。

私は、マタニティヨガの指導資格を持っていて、マタニティ・産後ヨガの指導者養成に携わっていますが、ヨガのインストラクターの方たち向けに、妊娠期・産後期について学んでいただく講座を定期的に担当しています。

レクチャーは5時間に及ぶこともあり、なかなかハードな内容ですが、なぜこの活動に力を入れるかというと、妊娠期・産後期のからだの変化の普遍的な部分、つまり妊娠や出産をしたほとんどの人が経験する部分というものを理解した上で、妊娠中や産後の運動指導にあたっていただきたいという強い思いがあるからです。

例えば、日本臨床スポーツ医学会が「妊婦スポーツの安全管理基準」をガイドラインとしてまとめているのですが、そこには、妊娠16週以降は、大きくなった子宮が下大静脈（ヒトのからだの中で一番大きい静脈）を圧迫することで妊婦の血圧が下がってしまわないように、仰向けの姿勢でおこなう運動は避けるべき、と書かれています。

妊娠16週は妊娠5カ月、[*7] そんなにおなかが大きくは見えなくても、仰向けのポーズになるのは避けたほうがいいよというのがガイドライン上のおすすめですが、そのことを知らずにマタニティヨガを指導しているケースは少なくないようです。

また、妊婦スポーツの実施時間は、子宮収縮が出現しにくい午前10時から午後2時のあいだが良いとされています。ということは、ガイドラインを知って運動指導をしているのであれば、マタニティヨガのクラスが夜に開かれることはないはずです。

ガイドラインを理解して指導にあたっている方ももちろんいらっしゃいますが、指導者自身の経験のみを根拠に指導しておられるケースにも遭遇します。

このように、妊娠中のデリケートな時期におこなう運動やスポーツに携わる方々のあいだでも、妊娠の経過――妊婦さんのからだがどのように変化して、どの時期にどんなことをすると母体と胎児にどんなリスクが生じやすいのかといったこと――について、まだまだ知られていないところがあると感じるのです。

専門的な知識を要する仕事の人たちにすら知識が浸透しきれていないわけですから、家庭内の親子の会話であれば、なおさらでしょう。家族の会話はそこまで専門的である必要はありませんが、母親として経験者だからこその「自分バイアス」にとらわれないようにするために、基本をおさらいするような気持ちでいていただけるとありが

【＊7】妊娠週数は「数え」でカウントするので「0週」から始まります。

たいです。

少し脱線しますが、日本の産科医療では、ほかの先進国と比べても、エコー検査（超音波検査）の回数がとても多いです。検査は大切ですが、医学的に必要な回数はだいたい決まっていて、それ以上はそこまでの意義を認めません。ですが、産婦人科のクリニックでは、妊婦さんが望めば自費でエコー検査ができますから、つい心配になって必要以上に検査をしがちです。

すると、胎盤の位置が良くないとか、赤ちゃんが少し小さめだとか、羊水が多すぎるとか、いろんな情報が入ってきて不安になります。

でも、不安になっても、お母さんが赤ちゃんのためにできることって、ほとんど何もないんです。唯一できることは、食事で塩分を控えることで増加する体重を調整することぐらい。それ以外は、例えば胎盤がどこにくっつくかは選べるものではないですし、切迫早産になりやすい——子宮収縮が起こりやすい——状態というのは自分のせいではなくても起こるわけで、予防のしようがなかったりもします。お母さんが努力してもおなかの赤ちゃんのためにできることは、そう多くなく、他の要因による部分が多いのです。

国際的な基準では、妊娠の徴候と、胎児の発達と分娩については、中学校の年代で学ぶとされています。

また、「赤ちゃんがほしい！」と切実に思うようになると、どうしても、「先輩ママの経験談」のような細かい情報が目に入りやすくなります。でも、それも、一つひとつが「n＝1」の情報です。参考になるところもたくさんあると思いますが、基本の知識がないと、振り回されてしまうこともあります。

ですから、それよりもっと前の段階、つまり、思春期での性についての学びのなかで普遍的な知識を持っておくことは、非常に大切だとお伝えしたいです。

ここで、妊娠の経過をまとめておきたいと思います。

妊娠にトライして、次の生理予定日から1日でも遅れたら、妊娠している可能性を考慮する必要があります。妊娠検査薬で陽性であれば、子宮内もしくはそれ以外かもしれませんが、体内のどこかに妊娠していると判断します。産婦人科を受診して、超音波検査で胎嚢《たいのう》が確認できれば、子宮内に妊娠していると判断できます。

胎児の心拍が確認できたら、それはこれが妊娠6週なかばぐらいの状態です。

分娩予定日が決まるのは9週ごろです。そのころになったら身近な人には妊娠したことを話しましょう。なぜかというと、妊娠のトラブルは妊娠初期に多いからです。それによって予定していたことができない、急に仕事をお休みしないといけなくなる、といったことも起こりうるので、友人や仕事関係の人にも伝えましょう。また、予定日が決まると、職場では産休の時期に合わせて人員を調整する必要が生じるため、必ず伝えておきます。

16週以降は安定期と呼ばれる時期に入ります。妊娠中期にあたります。安定期という表現は、胎盤が完成し、流産の確率がぐっと落ちる＝安定するというところからきています。この時期は妊娠にまつわるトラブルも比較的少なく、やりたいことがある程度はできます。生まれてからの準備や育児の勉強をするのもこのころですね。

28週をすぎると妊娠後期に入ります。このころ、おなかがぐっと大きくなります。胎児のおおよその体重は33週で2000グラム、40週で3000グラムですから、後期には胎児の重さだけで1キロ以上増加する見込みです。その分、お母さんの体重も増えるし、体重と血圧はおおいに関連していて、高血圧になりやすくなります。

妊娠前と同じように塩分をとっていると妊娠中はものすごくむくみます。からだにためこんでしまった水分によって血液の循環量が増え、血圧が高くなる理由になります。血圧が高くなることで、胎盤機能が低下します。胎盤は母体と胎児の物質のやりとりの場であるだけでなく、羊水の産生も担っており、胎盤の機能低下は胎児の発育にブレーキをかけることにつながります。帝王切開のリスクも高くなります。これらは妊娠高血圧症候群の典型的な状態そのものなので、ほかにも胎盤早期剥離などのリスクが高まることもわかっています。

さきほど「お母さんにできることは塩分を控えること」とお伝えしたのは、このような望ましくないサイクルに入らないために自分でできること、という意味です。

当たり前じゃない、無事に産むこと、生まれること

分娩にはリスクがあるということも、基本的な知識として知っておいていただきたいことの一つです。

現在は、お産の99％が病院もしくは診療所――日本では、20人以上の患者の入院施設を有するものを病院、19人以下か入院施設を有しないものを診療所としています――でおこなわれていて[*8]、医療機関で産むことが当たり前になっていますが、自宅での分娩を検討する方も、わずかながら増えています。また、自宅での分娩を「自然なお産」として推奨するような情報も目にします。分娩のリスクと分娩場所には大きなかかわりがありますので、ここでいくつかのデータを紹介します。

【＊8】「第9回『医療安全の確保に向けた保健師助産師看護師法等のあり方に関する検討会』資料6『産科における看護師等の業務について』」／公益社団法人日本産婦人科医会「【第1回】1．我が国の周産期医療の現状」

赤ちゃんを産むお母さんが妊娠中からお産にかけて死亡する割合を妊産婦死亡率といって、妊産婦10万人あたり何人の方が亡くなったかを計算したものですが、日本の妊産婦死亡率はおよそ2・5です。この安全な日本でも、10万人のうち2〜3人のお母さんは命を落とす状況にあるわけです。

少し時代をさかのぼってみると、いわゆる戦後まもなくの1950年は、日本においても自宅で出産する人が95％を占めていました。このころ日本全国で1年間に4000人以上の方がお産で亡くなっていました。妊産婦死亡率にすると約161です。

その後、自宅分娩から医療機関での分娩へと時代がどんどん移っていきます。お産を医療機関で管理するようになると、例えば、血圧を下げる薬が使えるようになります。医療の手が入ることで、妊産婦が死なずに済む理由が増えるわけですね。

1966年には、母子健康手帳が交付されるようになりました。

1970年代に入ると、自宅分娩の割合が4％を切るまでに、医療機関での分娩への移行が進みました。つまり、1950年から1970年の20年のあいだに、自宅分娩の9割が医療機関での分娩に移行したわけです。

そうなったときに、妊産婦の死亡数はどれぐらい変わったかというと、1950年では年間およそ４０００人のお母さんが亡くなっていたのが、70年になると約１００人に——それでも決して少なくはないのですが——抑えられるようになります。妊産婦死亡率でいうと48・７です。

90年代に入ると輸血用の血液が確保できるようになり、お母さんが亡くなる数はさらに減りました。93年以降は年間１００人を切り、妊産婦死亡率も８を下回るほどまで減らすことができるようになりました。

２０００年代には各都道府県に周産期母子医療センターがつくられて、産婦人科以外に麻酔科や小児科の医師もスタンバイする状況でリスクの高いお産を扱えるようになります。２０００年、年間の妊産婦死亡数は78人、死亡率は６・３にまで減ってきました。そして現在は、年間30人前後、死亡率も３前後になっています。

１９５０年から半世紀かけて、１年間の妊産婦死亡数を４０００人から30人ほどにまで減らすことができたというのが、日本における推移です。[*9]

これは、世界においては誇るべき数字なのですが、産科医療に従事していないと、こういった数字を目にする機会はほとんどありません。ですから、自宅分娩が自然なお産ですよ、医療の介入を受けることなくストレスなく産むことができますよと言われれば、そうしたいと思うのもわからなくはありません。


【＊9】厚生労働省政策統括官（統計・情報政策担当）『人口動態統計』の「人口統計資料集（２０２１）」。なお１９４７〜72年のデータには沖縄県は含まれない。

ただ、お産というものは、何か起こったときに——何も起こらないことがもちろん望ましいわけですが——一分一秒を争う状況になります。そんな場合には間違いなく、病院のほうが早く対応することができるわけです。

ですから、もしも妊娠している女性に「自宅で分娩したい」と相談されたら、現場でさまざまなリスクのある分娩を見てきた産婦人科医の一人としては、総合的に判断して、病院で産むことをおすすめしています。

それでも自宅分娩を希望する方がいたら、一人目はとにかく病院で産み、自宅分娩などのトライアルは、二人目以降にすることをおすすめするでしょう。

一人目のお産（初産）と二人目以降のお産は、特に経腟分娩の場合、まず分娩にかかる時間が大幅に違ってきます。陣痛が始まってから子宮口が全開大になるまで、初産では平均10〜12時間かかりますが、二人目以降の分娩でははるかに短く、その半分ぐらいです。また、子宮口が全開大になってから赤ちゃんが生まれてくるまでにも、初産では平均3時間もかかりますが、二人目以降はやはり半分ぐらいで生まれるケースがほとんど、印象としてはあっという間というイメージすらあります。

一度開いたことのある子宮の出口は、二人目以降の分娩であれば比較的スムーズに開くため、一人目のときよりも分娩時間が短く生まれてくる可能性が高くなるのです。

どこで分娩するかについては、相談する相手によって、アドバイスが違ってくるかもしれませんね。例えば、助産院を開いている助産師さんに相談すれば、うちで安全に分娩できますよとおっしゃるでしょう。自宅分娩にも対応しますよともおっしゃるかもしれません。

いずれの場合でも、その助産院や助産師さんが、近隣の病院と強い連携を保ち、バックアップを受けているかどうかが、一つ大切な判断基準になると思います。

うれしくてもブルー。複雑な妊産婦のこころ

産後のお母さんのこころの問題は、これまであまりフォーカスされてきませんでした。ここ数年、「産後うつ病」という言葉を目にするようになりましたが、産後のお母さんたちのこころの健康は、もっと注目されてほしいと思っています。

産後のお母さんが経験するこころの不調は、マタニティブルーが知られていますが、マタニティブルーと産後うつ病は別の概念です。

ここで、妊娠期・産後期のお母さんのこころの健康について、データを紹介しながら考えてみたいと思います。

私たち産婦人科医療に従事する者のあいだで、産後うつ病の問題が急速にクローズアップされたきっかけは、２０１６年に東京都監察医務院などが発表した、妊産婦（妊婦および産後1年以内の女性）の自殺に関する調査結果でした。

それ以前にも、国内外の大学や研究施設などで、周産期のメンタルヘルスに関する研究はおこなわれていたのですが、主に精神医学や心理学の分野で議論がなされてきました。

２０００年ごろの産科医療の現場は、胎児や母体の安全のための診療内容の見直しや医療体制づくりに奔走していて——さきほど触れた周産期母子医療センターが各地につくられたのがちょうど２０００年のことです——妊産婦のメンタルヘルスに注力できる余裕がまだなかったころともいえます。

２０１６年に発表された調査結果とはどういうものだったかというと、２００５年から２０１４年の10年間に東京都23区において、自殺が原因で亡くなった妊産婦がどれくらいいたかという統計です。

それによると、調査対象となった10年間で、東京都23区において自殺で亡くなった妊産婦は63名。割合にすると、スウェーデンやイギリスといった国と比べて3〜4倍も高いことがわかってきたのです。

さらに内訳を見てみると、63名のうち、妊娠中のお母さんが23名で、産後のお母さんが40名。そして、妊娠中のお母さんの4割がうつ病もしくは統合失調症に罹患しており、産後のお母さんの5割が産後うつ病をはじめとする精神疾患に罹患していたことがわかりました。[*10]そこで、妊産婦のメンタルヘルスのケアは大きな課題だと世の中で認識され始めたのです。

では、産後うつ病とマタニティブルーはどう違うのでしょうか。

マタニティブルーは、産後の女性の30〜50%が経験するとされている、一時的なころの不調を指します。出産直後は気持ちが高ぶっていますが、数日経つと、落ち込んだりイライラしたりといった気持ちの変化を経験します。

入院中は自分以外のお母さんも赤ちゃんもいて、看護師さんや助産師さんもいて、助けを求められる環境ですが、うちに帰って一人でやっていけるだろうかと心配になる。このような状況をイメージしていただけるとわかりやすいかと思います。

情緒不安定になったり、眠れなくなったり、集中力がなくなったり、あせりを感じ

【*10】厚生労働省「第5回自殺総合対策の推進に関する有識者会議　妊産婦に対する支援」

たりします。たいていは一過性で、産後10日から2週間ほどで軽快します。

一方、産後うつ病は、時間が経てば解決するわけではない点が大きく異なります。産後の女性のおよそ10～15％が産後うつ病に罹患するとされていて、産後すぐにではなく、マタニティブルーよりも遅いタイミングで発症するとされています。極端に悲しくなったり、泣き叫んだり、イライラして怒りっぽくなったり、何をしても楽しくなかったりといった症状が数週間から数カ月続き、日常生活に支障が出ます。

妊娠中や妊娠前から不安やうつを経験していた方のマタニティブルーが長引いて、じつは産後うつ病だとわかったり、マタニティブルーの症状が強い方がその後にうつ病を発症したりするケースが数多く見られます。もともとこころの不調についてのサポートを受けていた方――精神科や心療内科に通院している方、通院した経験のある方――はリスクが高いとされています。

退院して自宅に戻り、赤ちゃんという自分の思いどおりにならない小さい生き物と二人きりでうちにいて、頼みの綱のパートナーは夜遅くにしか帰ってこない。睡眠もしっかりとれない。こういう状況のなかで、お母さんは病状を深めていくのですが、本人は自分がうつ状態であることになかなか気づけません。

家族やまわりの人が気づくことができたらいいのですが、そんな機会もあまりないとなると、受診するきっかけを得られません。産後うつ病の状態にあるお母さんのうち、病院にかかることができたのはたった4割というデータもあります。診断されないかぎり、改善も見込めません。そのまま時間を重ね、症状がひどくなってしまうと、自殺といった最悪の結末に至るケースが出てきます。

また、**産後うつは女性だけの問題ではなく、じつは男性も産後うつになります。**男性の産後うつは、経済的な不安や長時間労働、家事・育児のプレッシャーなどが要因とみられていて、ある調査では、パートナーが妊娠期および産後1年以内にある父親の約8％にうつのリスクがあると報告されました。お母さんの産後うつが、パートナーであるお父さんの産後うつと関連することもわかっています。

お母さん・お父さんのこころの不調が何につながっていくかというと、例えば、子どもに手をあげるといった虐待につながり、さらなる問題の引き金になります。新生児や乳幼児への影響として、発達障害や愛着障害が起こりえます。

核家族の状態が当たり前になった現代において、家庭の中で産後のお母さんが――場合によってはお父さんも――孤立している状況で、誰も気づけないままどんどんうつに向かってしまうリスクは、想像に難《かた》くないと思います。

妊娠中の女性はおなかが大きいため妊娠中であることをまわりが知ることは容易ですが、産後の女性が赤ちゃんを抱いていないとき、まわりは産後の女性だと気づけなかったりするものです。

私たち社会の課題として、身近な人同士で声をかけ合っていくことはもちろんのこと、助けを求める先として何かしら公的な「仕組み」というものが、これからますます必要になっていくと思います。しかも、形式的な制度ではなく、需要に応えられるような使いやすい「仕組み」が望ましいです。

赤ちゃんを産んでからのお母さんのからだ

女性がこころの不調を経験しやすいタイミングの一つとして、産後はとてもリスクの高い時期ですが、これには、出産による女性ホルモンの変動が大きくかかわっています。女性ホルモンの変動はからだの不調ともかかわりますので、どんなことが起こりうるかをここで少しお話ししたいと思います。

まず、産後うつ病やマタニティブルーと女性ホルモンの変動は、どのようにかかわっているのでしょうか。

女性ホルモンの代表は、エストロゲンとプロゲステロンの2種類ですが、どちらも女性のこころの状態を安定させる作用を持っています。

エストロゲンは、丸みのある女性らしいからだつきにする、赤ちゃんのベッドである子宮内膜を厚くするなどの働きをしていることは、本書でもお話ししてきましたが、それに加えて、**少量でも抗うつ作用をもたらす**ということが知られています。

プロゲステロンは、排卵後に分泌されて、基礎体温を上げる、受精卵が定着しやすいように子宮内膜を安定させる、乳腺を発達させるといった働きをします。そして、プロゲステロンの代謝産物であるアロプレグナノロンは、GABA受容体を活性化する、つまりGABAの作用を強くするような働きをします。GABA＝γ－アミノ酪酸は、抑制性の神経伝達物質と言われるもので、興奮した神経を落ち着かせたり、睡眠を安定させたりする効果があります。

「GABAが含まれています」とうたうチョコレートを見たことがありませんか？あれは、GABAをとると気持ちが落ち着くという作用を期待させる表現です。アロプレグナノロンはこのＧＡＢＡの作用を強くするということで、抗不安作用をもたらすとされています。

妊娠中のホルモン状態は、妊娠５カ月目あたりで胎盤が完成し、エストロゲンとプロゲステロンが大量に分泌されるようになります。妊娠５カ月＝妊娠16週以降は、完成された胎盤から大量のエストロゲンが安定して分泌される時期が続きます。一方、プロゲステロンも、妊娠期間を通じて分泌され続け、妊娠末期には妊娠していないときの約50倍もの濃度になります（45ページ図２－１参照）。

そして、赤ちゃんが生まれる前後でどちらのホルモンも急激に減少し、産後５日目で妊娠する前とほぼ同じ値になります。つまり、産後というのは、エストロゲンの分泌が急激に減ることで抗うつ作用が弱くなり、プロゲステロンの分泌が急激に減ることで抗不安作用が弱くなる。そういうなかで、マタニティブルーや産後うつ病が起こりやすくなるのは、いわば起きて当然ともいえるわけです。

出産後は、母乳の分泌をうながすホルモンであるプロラクチンの分泌が増えますが、プロラクチンは女性ホルモンの分泌を抑制しますから、授乳を続けているうちはエストロゲンの少ない状態が続きます。

一方、女性ホルモンの減少によって、からだにはどのような影響があらわれるでしょうか。

まず、授乳中のお母さんが髪のパサつきや肌の乾燥、肌あれで悩むことは、よく知られていますよね。これは、エストロゲンにコラーゲンの産生をうながして肌の弾力やうるおいを保ったり、髪のつややかさを保つ働きがあるからです。

そして、もう一つ、女性ホルモンの影響を大きく受けるものとして、骨（骨量）が挙げられます。エストロゲンは骨の代謝に影響していて、骨量を維持する役割があるからです。しかし、髪や肌に比べて、骨にどのような変化が生じているかは目に見えません。

たいていの場合、子どもを産んでから一定の時間が経てば骨量は回復していくのですが、子どもを何人も産むことでエストロゲンの低い状態が繰り返されると、なかなか骨量が回復しないこともあります。骨の状態を知る機会はほとんどありませんから、骨量の減少に本人が気づかないでいると、骨折を引き起こす場合もあります。妊婦さんや産後のお母さんが「カルシウムをしっかりとりなさい」と指導されるのは、このような理由があるからなんですね。

妊娠中から産後にかけて、骨量がどのように変化するかを簡単に説明すると、まず、妊娠するとお母さんのからだから赤ちゃんにカルシウムが供給されるため、骨量はだんだん減っていきます。そして、産後、エストロゲンがない状態＝生理が止まっているころになったときにもっとも低い値になります。

生理が戻ったあと、次第に骨量は回復していきますが、食事でカルシウムと骨形成に必要なビタミンD、ビタミンKなどをしっかりと摂る、日光を適度に浴びる、骨に負荷がかかるような適度な運動をするといった生活習慣もとても大切になってきます。

では、出産直後急激に減少したエストロゲンは、いつごろ戻ってくるのでしょうか。授乳により女性ホルモンの分泌が抑制されるため、授乳期間が短いほうが、生理再開が早くなると考えていただくと良いでしょう。ただ、個人差が大きく、目安としては、授乳していないお母さんは産後2～4カ月ほど、授乳しているお母さんは産後半年以降に生理が再開することが多いです。

産後は授乳など赤ちゃんのお世話のため、必ずといっていいほど睡眠不足で、これも直接的なこころの不調の原因になりえますから、産後のお母さんをこころとからだの両面からサポートしていく必要を知っていただきたいです。

不妊治療について、考えていること

お母さん世代の方のなかには、不妊治療によってお子さんを授かったという方も少なくないと思います。それは本当になによりで、赤ちゃんが誕生した瞬間にすべての苦労が報われた気持ちになったことでしょう。

私が不妊治療についてどのように考えているかを少しお話ししようと思います。

まず、あらかじめお伝えしておきたいのは、「赤ちゃんが生まれて子育てをしていくにあたって、どのように妊娠が成立したかは影響しない」ということです。不妊治療で妊娠し産んだ場合と、自然妊娠で産んだ場合で、産後のお母さんのこころの不調のリスクに有意な差はないことがわかっています。

体外受精で妊娠してお子さんを産んだとして、子どもにそのことをあえて言う必要も、逆に隠す必要もないと思いますし、子どものほうは、もし知ったとしても「ああ、お母さんお父さんは苦労して私を産んでくれたんだな」と思えたらそれが一番。それだけのことです。どのように妊娠するかが関係するのは、あくまでも親の側です。

不妊治療に取り組む方々が、どのような背景で治療を開始されたかは、本当にさまざまです。そもそも「不妊」とは、妊娠を希望しているにもかかわらず、一定期間――日本の生殖医療では1年間とされています――妊娠の兆候がないことを指しますが、その原因はいくつか考えられます。

女性側に原因があることもありますし、男性側に原因があることもあります。また、精子に原因があることもあれば、卵子に原因があることもあります。子宮内膜症といった生殖器の機能に影響する病気が原因となって、妊娠しづらい状況になっている場合もあります。

不妊治療にはさまざまな治療法がありますが、現在の日本でおこなわれているもの――タイミング法や人工授精、体外受精など――は、どれも最終的には「お母さんの子宮で受精卵が育ち、膣を通って分娩する」という経過をたどります。分娩が帝王切開になるケースも4件に1件ほどありますが、その場合も「お母さんのおなかの中で赤ちゃんが育つ」という経過は同じです。

不妊治療の基本的な考え方は、「からだが本来持っている働きを外から足す」ということです。「卵巣の働きが落ちているから、排卵をうながす薬を外から足しましょう」とか、「なんらかの理由で受精する確率が低くなっているから、精子を卵子のと

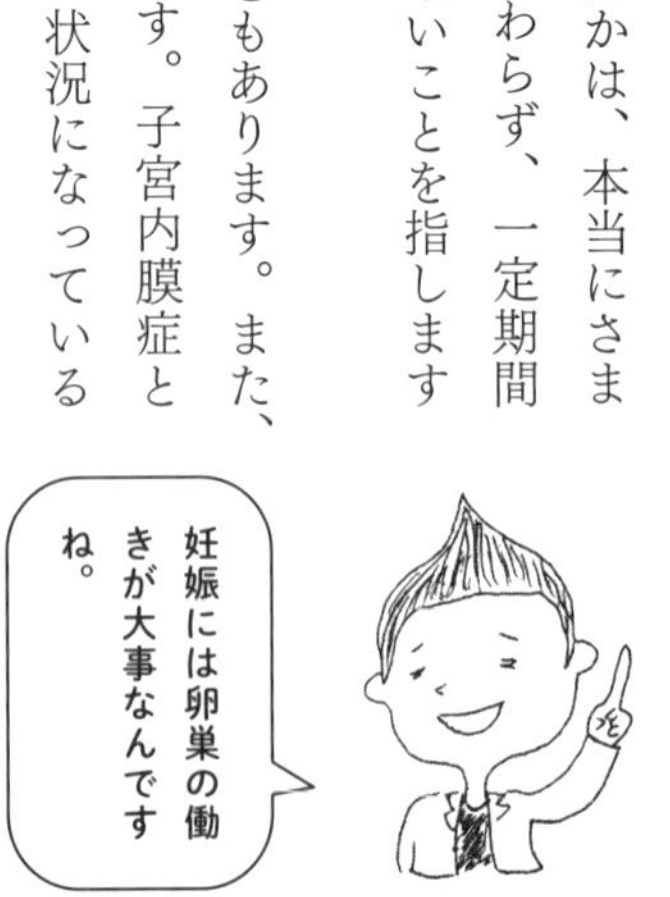

ころへ運んでいく部分を手助けしましょう」といったイメージです。

赤ちゃんがなかなかできなくて悩んでいたカップルが、子どもを持てるようになる可能性が高くなるという、ある意味希望が持てる治療であることは確かなのですが、それがどれくらいの成功率なのか、からだとこころにどんな負担がかかるものなのかは、十分に知られていないように思います。

治療法の一つである体外受精とは、女性の体内から排卵直前の卵子を取り出して（採卵）、パートナーの精子と受精させ、正常に細胞分裂した受精卵を子宮に戻して着床をうながすという方法です。２０１９年には、約６万人が体外受精で生まれました。新生児のおよそ14人に一人です。治療件数——体外受精にトライした数——は、全国の約６００の施設で合計45万８１０１件にのぼりました。[*11]

こういった数字をどうとらえるかは人によって異なっていいと思いますが、お伝えしたいのは、「体外受精をすれば妊娠できる」というものではないということです。採卵は膣から針を刺しておこないますので、採卵の回数が増えればそれだけ痛みを感じることも、手技によるトラブルも増えます。**なによりも、生理がくるたびに本当にがっかりして、どん底まで落ちるような経験をするわけです。**

【＊11】日本産科婦人科学会「体外受精・胚移植等の臨床実施成績」

ここまで、女性は35歳をすぎると妊娠する確率がぐっと下がるという事実に何度か触れてきましたが、じつは、「女性の妊孕性（子どもを産む能力）は35、36歳ぐらいから急激に低下するよ」ということがはっきりと言い切れるようになってきたのは、ここ15年ぐらいのことなんです。

つまり、それより前は、もしかするといつまでも子どもを産めるのではないかという期待のもとに、いろんな研究がなされてきた時代ともいえるんですね。

卵管不妊に対し体外受精を用いて生まれた赤ちゃんのことを、かつては「試験管ベビー」と表現することがありましたが、世界初の「試験管ベビー」が誕生したのは1978年のできごとでした。そのころから、女性の妊孕性はある程度上げられる可能性が高いという方向に社会が変化していき、そのなかで、女性の社会進出により女性の結婚が遅くなり、第一子を出産する年齢がどんどん高くなっていったという歴史があります。その背景には、女性も社会で活躍してほしい、活躍したいという願いがありました。

不妊はなにも女性の年齢だけに関係するわけではなく、前にもお伝えしたように原因の半分は男性にあることがわかっています。また、何かしらの理由で妊娠することが難しかった方が、不妊治療によって子どもを持つことができるようになるのはすばらしいことだと思います。からだへの負担をなるべく少なくするような治療法も研究されています。ただ、やはり、残念ながら成功する確率は１００％にはなりません。若い世代のみなさんには、そういったいろんな情報を十分に知った上で、これからの人生設計をイメージしていただきたいと願っています。

不妊治療は必ずしもハッピーな結末になるとは限らないし、望んでも思い通りになるわけではない。これが生殖医療という分野なのです。

子どものいる人生も、そうでない人生も

ここまで、妊娠・出産にはタイムリミットがあること、人生のタイムラインにおける早めの時期に人生設計を考えてみるといいことをお伝えしてきました。

つまり、**何歳くらいのころに子どもを持つか、については自分で決められるということです。さらに、誰の子どもを持つかに関しても、自分の意思で選択するものなんだということをもっとはっきりと伝えたい**と思っています。

一方で、子どもを産まないという選択も全然「あり」な時代です。選択の自由があるというだけでなく、実際に子どもを産んでいない女性の割合は増えています。

かつては、人生で一度も子どもを産んでいない女性が約1割しかいない時代がありましたが、現在は3割弱にまで増えていて、およそ4人に一人が子どもを産んでいない計算になります。ある調査によると、今の子どもたちが大人になるころには、女性の3人に一人は子どもを持たないだろうと推計されています。

結婚しない女性も増えていて、生涯で一度も結婚しない女性は2割弱いますが、日本の社会では、結婚せずに子どもを産む人がものすごく少ないので、結婚しない女性はパートナーも子どもを持たない人生を選んだ人ということになります。

子どもを産んでいない理由はさまざまで、あえて子どもを持たないことを選択した場合もあれば、仕事に打ち込んでいるうちに時期を逃してしまったという場合もあります。欲しかったけれど、病気などの理由で授からなかったという人もいるでしょう。

欲しかったけれどもてなかったという人にとっては、友人の年賀状の家族写真やSNSの投稿、まわりの人の「お子さんは?」という問いなど、こころがちくっとする機会は日常のあちこちにあるのだろうと思います。あるいは、子どもを望まなかった人であっても、この問いに複雑な思いを抱く人が少なからずいると聞きます。

将来のことを想像してみても、子どものいる家庭では、子どもが働き盛りになって家計を支えてくれるようになるかもしれません。子どもがいなければ、歳を重ねて老いを感じるようになったころ、何らかの理由で困ったときに、当然のこととして助けてくれる若手の肉親がいないという不安も生じます。

ですが、じゃあ、お父さんがいてお母さんがいて子どもがいて……という家庭が標準的なのかというと、もうそんな時代ではないともいえます。

私が幼いころをすごした40年前と、今の社会を比べてみると、家族のかたちは大きく変わりました。さまざまなかたちがある、といったほうが正しいかもしれませんね。

シングルマザー、シングルファーザーはめずらしくなくなりましたし、子どもたちが独立して夫婦二人暮らしになったとか、パートナーが亡くなられて一人暮らしに戻ったという方も少なくありません。「卒婚《そつこん》」と呼ばれるような、婚姻関係は解消しないけれども別々に暮らしているという夫婦のあり方が登場したりもしています。

同性同士がパートナーとして一緒に暮らしている家庭もあって、その中でも子どもがいたりいなかったりします。その子どもが親のどちらとも血のつながりがなかったりもします。

そんなふうに考えていくと、これからの社会というものは、必ずしも子どもを産むことだけが「正解」ではないし、**血のつながりがあったってなくたって家族でいられる社会になっていきつつある**と思ったりもするんですね。

一つだけ確かなことは、子どもを持った人生と子どもを持たなかった人生、どちらも同時に味わうことはできないということ。

どのような選択をしても、今の人生が良いものになっていれば「これで良かった」と思えるように。そして、そうではない場合も今の自分を受け入れていく。それしか、先に進む方法はないのだろうと思っています。

「誰かがこう言ったから」とか「みんなこうしているから」ではなくて、「自分はどうしたいか」「自分で自分の選択を納得できているかどうか」を大切にしてほしいなと望んでいます。

Chapter.
7

どうして私、
女の子に
生まれ
ちゃったの？

「女らしさ」という枠を外す

長い間、女性に生まれたら男性と結婚するのが当たり前だと思われてきました。特に女性は生物学上では、子どもを産む能力を持っている生き物とされていますから、ちょうどその年ごろにお付き合いをしていた人、出会った人と結婚して、妊娠して出産して……というプロセスが、世の中では「ふつう」とされていると信じて、そのかたちを疑うことなく、当たり前のこととして歩んできたという方がほとんどでしょう。

そのようなスタイルが自分にフィットしていて、これからもハッピーに人生を送っていけそうだという方は、何も問題ありません。今の家族や人間関係を大切にしながら、この先もすごしていただければと思います。

ただ、日本で長く信じられてきたそのような「ふつう」のかたちに、どうしてもフィットしないという感覚を持つ方がいるのも、また確かです。

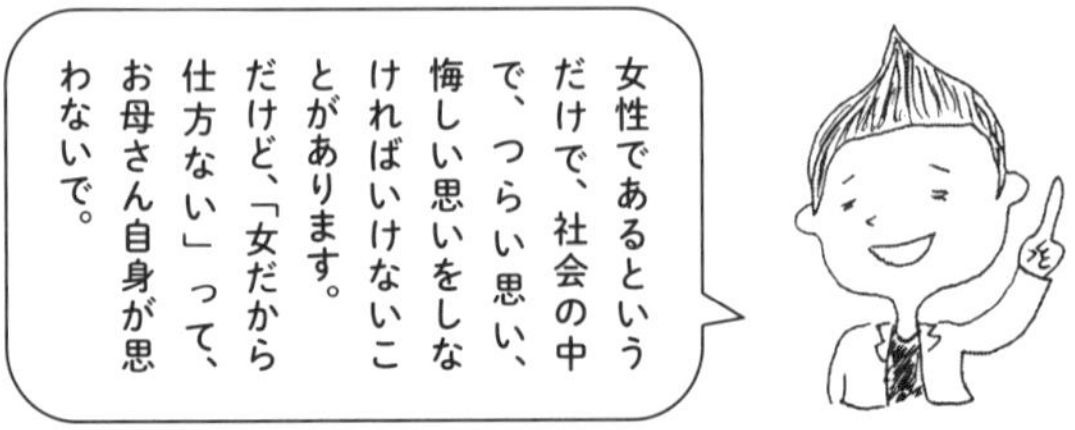
女性であるというだけで、社会の中で、つらい思い、悔しい思いをしなければいけないことがあります。だけど、「女だから仕方ない」って、お母さん自身が思わないで。

男性と結婚して子どもを産むのが当たり前だと言われてきたからそうしたけれど、よくよく考えてみると「なんか違うな」という思いがぬぐえない。自分が人を好きになるときのこころの向きは、本当にこれでいいんだろうか。この人をパートナーとして子どもをもったけど、本当にこれでよかったんだろうか——。

人を好きになるときのこころの向きを「性的指向」と言いますが、自分なりに自分のことをちゃんと把握するのに20代前半では難しかったりしますから、もっとずっとあとになってこのような疑問を持つことも、不自然なことではないと思います。

また、世の中で言われている「女らしさ」というものに、なんとなくフィットしないな、自分には居心地が悪いなと感じている人も少なくないでしょう。

決められた「女らしさ」に直面するのは、例えば、小学校に上がるときのランドセルの色だったりします。お母さん世代が小学生のころはほぼ赤と黒しかありませんでしたが、最近では、色とりどりのランドセルから好みの色を選べるようになりました。でもまだまだ「女の子は赤やピンク」というようなイメージが残っていることも否めません。

中学校や高校の制服も、性別で分けられていることが多いアイテムです。最近では、生まれもった生物学的な性別に違和感を覚える子どもたちがいることに配慮して、女子生徒でもスラックスを選べる学校も増えてきましたが、女の子はスカートをはくのが「ふつう」、男の子はスカートをはかない、という感覚はまったくなくなったわけではないでしょう。

「女の子だからピンクだよね」「女の子だからスカートだよね」に始まり、社会から押しつけられる「女性という役割」のことを「ジェンダー」といいますが、そういったものに覚える「違和感」を通じて、自分は女の子として育てられてきたけど、本当は違うんじゃないか、もっと自分にとってフィットする性があるのではないか、という気づきに至る。その「ずれ」の度合いが大きくなれば、女性なら男性へ、男性なら女性へと、性別を変えたいという強い思いが生じてくることがあるわけですね。


からだとこころの性に関することは、「ふつう」という言葉ではくくれないし、多様であるということが、この20年のあいだに広く知られるようになりました。

性的少数者を指す言葉として、LGBTQ（L＝レズビアン、G＝ゲイ、B＝バイセクシュアル、T＝トランスジェンダー、Q＝クイア、クエスチョニング）がよく使われてきましたが、LGBTQはそれぞれ別のものだし、一つにくくることでそのなかにある多様さを覆い隠してしまうのではないかという意見が出てきて、最近では、

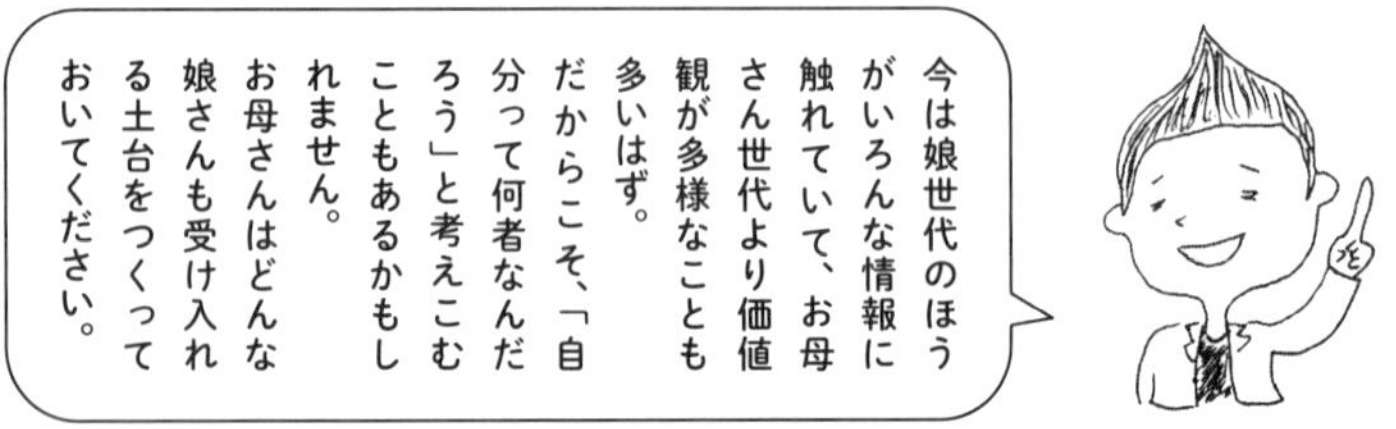
今は娘世代のほうがいろんな情報に触れていて、お母さん世代より価値観が多様なことも多いはず。だからこそ、「自分って何者なんだろう」と考えこむこともあるかもしれません。お母さんはどんな娘さんも受け入れる土台をつくっておいてください。

SOGI《ソジ》という言葉が使われることが多くなってきました。

▽SOGIとは

「Sexual Orientation and Gender Identity」の頭文字をとったもの

- Sexual Orientation＝性的指向（好きになる性）
- Gender Identity＝性自認（自分でそうだと思う性）

SOGIはあらゆる人が持っている特徴ともいえます。「女の子のからだで生まれてきて、女の子としてすごしていく」人生は、長く「ふつう」といわれてきた女性ですが、それがその人のジェンダー・アイデンティティであるわけです。

ここで考えていただきたいのは、この「ふつう」にカテゴライズする状態にも、じつはものすごく幅があるという点です。

女の子のからだで生まれてきて女の子としてすごしていくのは「ふつう」ですが、そのなかにも、フェミニンなスタイルを好む人もいますし、ボーイッシュな感じの人もいます。でも、ボーイッシュだけれど女の子のからだに違和感があるわけではない。仮に、右が女の子、左が男の子の座標軸があるとイメージしてみると、ものすごく右寄りの女の子もいれば、左寄りの女の子もいる。まずここにものすごい幅があるといえます。

それは男の子も同じなんですね。ただ、女の子がボーイッシュなスタイルにするよりは、男の子がフェミニンなスタイル――スカートをはいたり、メイクをしたり――にするほうがハードルが高いと思うので、座標軸で見れば、男の子のほうにギュッと寄っているような気がしますが、「ふつう」の男の子のなかにもかなりの幅があると予想できるわけです。

こうした性質によって、私たちの生きる社会は、いくつかのマス目にグループ分けされていて、たいていの人はそのどこかに属します。一方で、マス目のきわにいる人たち、社会が準備しているマス目にどうにかおさまろうとしてきたからおさまっているという人たちも少なからずいる。こうして、おおよそ問題なく社会生活を送っている。

ところが、そのマス目におさまりきれず、はみ出してみた人たちがいる。そのはみ出した状態を、ＬＧＢＴＱ等いろんな呼び名で呼んできたのだろうと思うのです。

一人ひとり別々のＳＯＧＩを持った人間の集まりを色で表したら、それはカラフル

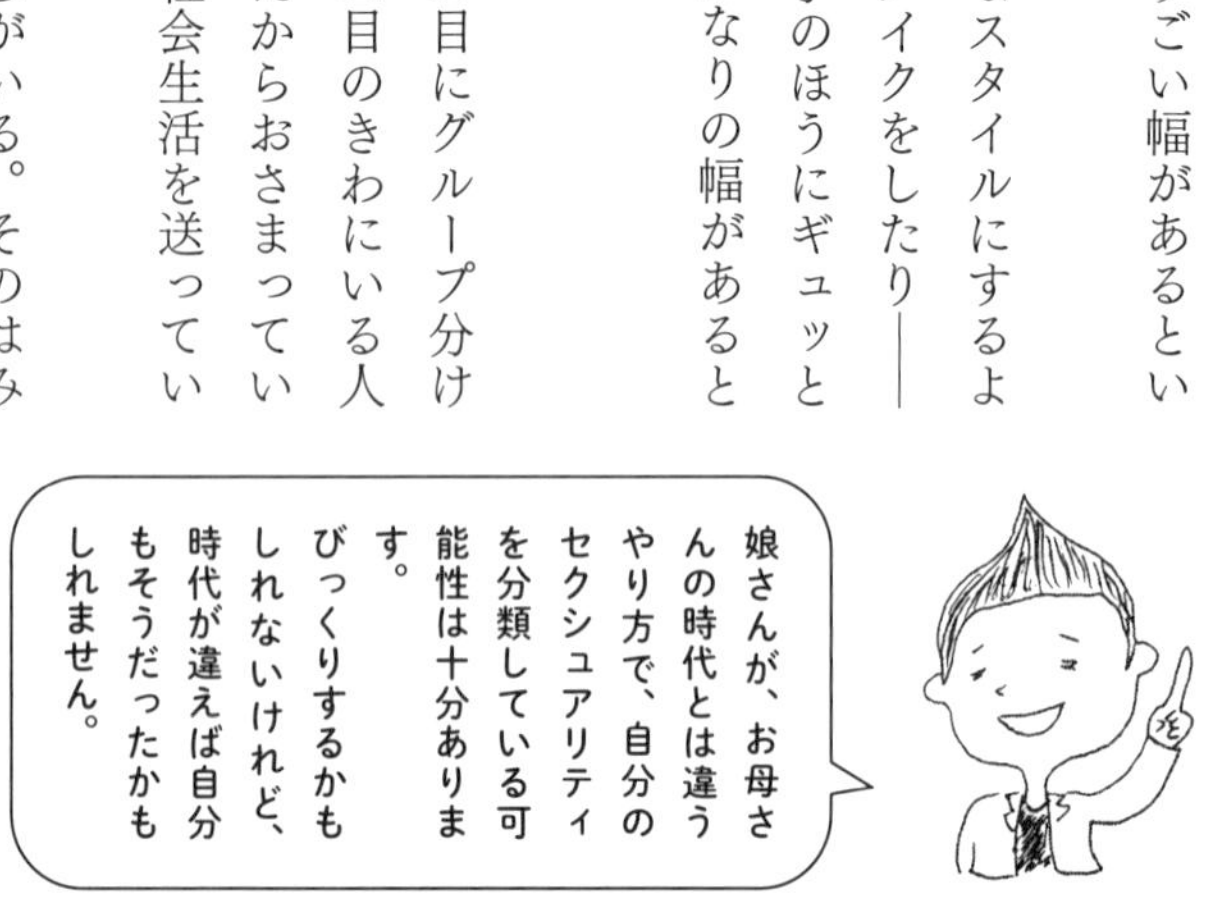
娘さんが、お母さんの時代とは違うやり方で、自分のセクシュアリティを分類している可能性は十分あります。
びっくりするかもしれないけれど、時代が違えば自分もそうだったかもしれません。

で多様なマトリックスになるはずです。そして同様に、一人の人間の内面も、いろんな組み合わせで複雑にできています。

自分が好きなことという視点で「私らしさ」ってどういうことだろうと考えてみても、例えば、服装はロックテイスト、勉強なら理系科目、趣味は料理と登山と盆栽で……といったように、細かい要素の組み合わせでできあがっているような気がします。

そういうものなんだよね、私たちって。

そう考えてみてもいいんじゃないかなと思います。

「結婚ってしなきゃいけないの？」と聞かれたら

思春期世代のみなさんは、結婚に対してどんなイメージを持っておられるでしょうか。まだリアリティーを持って考える年代ではありませんが、人生の設計図を思い描いてみるときに、自分にとって結婚がどういう意味を持つのかを考えてみるのは悪くないかもしれません。

ある調査[*12]で、独身者に「結婚に対する意思」を聞いたところ、「結婚の意思なし」

【＊12】令和4年版男女共同参画白書

としたのは、20代女性で14％、30代女性で25・4％だったそうです。結婚したいと思わない理由のうちもっとも多かったのは「結婚に縛られたくない、自由でいたいから」。結婚に対してネガティブなイメージを持っている人は、当然ながら、結婚したいと思わないでしょう。

結婚することは自分と配偶者とのあいだにパートナーシップを結ぶことととらえられますが、このパートナーシップは、結婚してから子どもができるまで、子育ての時期、子どもが独立したあと、というように、フェーズを分けて考えることもできるでしょう。

恋人同士から夫婦になり、お父さんお母さんという役割が加わり……というように関係性が変わっていくわけですが、そのあいだずっと仲が良くて、お互いにたいした不満もなくいられる夫婦なんていうのは、決して多くないと思われます。恋愛の延長でいられるうちはよかったけれど、子どもが生まれたら間違いなくその子どもに手がかかるわけで、パートナーは、「私のだんなさん」から「子どものお父さん」へと役割が変わります。

お互いに、相手に求めるものが変わってくると、当然、不満も出てくるし、なにか違うなと思うこともあるでしょう。お父さんお母さんになったから、がんばってパートナーシップを持ち続けている家庭のほうが、割合的には多いのではないかと感じます。でも、それは決して悪いことじゃなくて、そんななかでお父さんお母さんの役割を果たそうと努めていることは、すばらしいです。

長い間子どもを中心として家庭というコミュニティが運営されていたのに、進学や就職や結婚などで子どもが独立していき、家の中が空っぽになってしまったように感じる年代がくる。そんな時期を経て、もう一度二人で向かい合っていい人生をすごしていけたら、それはとてもいいことです。

でも、残念ながら熟年離婚のようなかたちで、もう一度一人になるといったケースもあれば、経済的に離婚を選択できず、我慢してすごすケースもあるでしょう。もし、一人になったとしたら、もう一度恋愛をして、老年期のパートナーを探すのだってありじゃないでしょうか。それくらいパートナーシップというものは変わりうるのです。

Chapter.6の「子どものいる人生も、そうでない人生も」（187ページ）でもお伝えしたように、これからの時代は、血のつながりがつくってきた家庭よりももっと温かい、血のつながりではない結びつきによるコミュニティのようなものが必要とされるようになると思っています。だから、仕事をしていて友人もいるし、毎日充実している、パートナーがいなくても困っていないという方が結婚しないという選択は、これからもっと増えるでしょう。

ただそこで、どんなパートナーシップだったらうれしいと思えるのか、を考えてみるのがいいかもしれません。つまり、**「結婚したいかどうか」**ではなく、**「誰とどんなパートナーシップを築きたいか」を自分に問うてみる機会を持ってみていただきたい**のです。

今の日本では、結婚してから妊娠するという流れが9割以上で、結婚せずに出産するケースはとても少ないです。産婦人科医としては結婚と妊娠の順番が逆であってもまったく問題ないし、妊娠して結婚しない選択もありだと思っています。

ただ、結婚に消極的な人も、子どもを持つ人生を望むのであれば、妊娠には必ず相手が必要ですから、パートナーに出会うためのアクションを起こすことをおすすめします。

女性だけが悩まされるライフイベントとキャリア

ここまで、妊娠・出産や結婚といったライフイベントを中心にお話ししてきましたが、女性にとってもっとも悩ましいのは、これらのライフイベントと自分が望む仕事上のキャリアを、どのように両立させるかにあります。

もし仮に、日本の社会が、女性が出産しても仕事を続けることを前提に準備されていて、どんな雇用形態でも産休・育休がしっかりとれるとか、男性もほとんどが産休をとるとか、育休明けの女性にこれまでのキャリアに見合ったポジションが確保されているとか、キャッチアップのための研修が準備されているのであれば、女性たちはこんなにも悩むこともないでしょう。

しかし残念ながら、今は環境が十分に用意されているとは言いがたい状況です。社会全体を見ても、女性のほうが非正規雇用で働く人が多く、男女間の賃金格差が解消されていなかったりもしますし、ジェンダーイクオリティ――女性だから、男性だからという理由でさまざまな差別を受けることがなく、平等であること――が達成されているとはとても言いがたい社会です。

男女の雇用機会均等とか、男女共同参画など、聞こえの良い言葉はたくさんあって、達成に向けて尽力している方がいらっしゃることを知ってはいるものの、ジェンダーギャップがなかなか縮まらない現実がある。

そんな今、じゃあ私たち一人ひとりに何ができるかというと、なんとなく受動的に生きるのではなく、自分がどういう生き方をしていきたいかを自分で決める、ここから始めるしかないだろうと思っています。

女性のライフコースはいくつもあって、例えば、バリバリ仕事をして、時間もお金も自分のためにしっかり使えるようなシングルライフもあれば、自分もパートナーも仕事を持ち、子どもは持たないDINKs《ディンクス》タイプの選択肢もあります。[*13]

もっとも多いのは、共働きで子どもがいる状態でしょう。このタイプは、子育て期の女性の負担が大きく――パートナーにもよりますが――、自分のための時間はかなり制限されますが、子育ての楽しさを味わえたり、将来的に子や孫がいて寂しくない可能性が高いというメリットがあるでしょう。

一方で、専業主婦は、経済的な面を配偶者に頼っていますが、その分家庭の運営に注力できていて、自由に使える時間やお金はそこまで多くないかもしれませんが、子どもが独立したあとは、自分のための時間を取り戻していくことができるでしょう。

キャリアの側面から見ても、パートタイムなど仕事と家庭、もしくは子育てを含む日常生活のバランスを重視するスタイルもあれば、子育てをしながらもフルタイムの

【*13】"Double Income No Kids" または "Dual Income No Kids"（倍の収入／ふたつの収入、子どもなし）の頭文字。共働きで、自らの意思で子どもをつくらない、子どもを持たない夫婦のこと。また、その生活観。何らかの理由で子どもができない、欲しいけれど産めない、結婚して間もないため子どもがいないなどの場合は含まれない。

仕事をパワフルに続けていくという選択肢もあるでしょう。専門性を極めていくような職業に就いている方もいれば、組織の中でリーダーシップをとっていく方もいる。

ざっと見ただけでも、社会の中の女性の立ち位置というのはこれだけ多様で、それぞれの悩みも強みもまったく異なりますし、どの年代にどんなストレスを経験するかもそれぞれの立場によって違います。

一つひとつ違う生き方ではあるけれども、どんな生き方をしたとしても、その方が望むような生き方になること。これこそが、私が願っていることです。


女性の仕事のキャリアを考える際、多くの場合、**妊娠・出産というライフイベントを経験しなければキャリアを着実に積んでいける一方で、家族が増える楽しさは味わえないというような、トレードオフのイメージでとらえられていることが多いように思います。**このような側面は確かに否定できなくて、産後のお母さんは必ずお休みするようにと法律で定められていますから、どうあがいてもその一時期はキャリアが途切れます。

不安定な雇用形態で働いている方、あるいは、産休や育休というかたちを取れないフリーランスなどの方にとっては、妊娠することで職を失うこともあるでしょう。

一方で、働き方も多種多様な時代になってきています。自宅にいながらできる仕事も増えましたし、あるいは、社会に参画するという意味では、「仕事」以外の何か——地域社会に貢献する活動など——に出合えるかもしれません。その人なりのバランスで、生活とキャリアを両立していける世の中になっていってほしいし、これからなっていくだろうという期待を持っています。

いずれにしても、「子どもか仕事か」ではなく、「子どもも仕事も」が可能な社会であるべきですし、現在はその過渡期といえます。

男性にも知ってほしい、女性の生来の不安

キャリアを重ねることを望む女性のみなさんにお伝えしたいことが、もう一つあります。というのは、ジェンダーイクオリティが達成されていないとか、妊娠・出産でキャリアが途切れるというだけでなく、女性特有のからだの不調や病気によって、キャリアを閉ざされたり、一時的にあきらめたりせざるをえなくなるケースも少なくないということです。

男性がキャリアを積んでいく過程において、健康不安がキャリアを損ねる大きな要因になるかといえば、その可能性はそこまで高くはありません。

男性が20代、30代、40代と年齢を重ねるなかで生じる健康不安としてもっとも一般的なものは、いわゆる生活習慣病です。脂質異常性（高脂血症）や、ＬＤＬコレステロールの値が高い・ＨＤＬコレステロールの値が低い、中性脂肪の値が高い、などの異常が健康診断で指摘され、それがもとで高血圧になる。あるいは、ビールが好きでたくさん飲む方であれば、高尿酸血症で痛風のリスクを指摘される。このあたりが考えられます。生活習慣病は放置すれば重症化したり重篤な疾患を引き起こす可能性もありますが、ただちに命を脅かすものではありません。

つまり、20代から40代にかけての働き盛りの世代で、命を脅かされるような疾患や、ＱＯＬ（生活の質）を大きく損なう病気を発症する確率は、そこまで高くないのです。

一方で、私たち女性は、「働いてはいるけれども、できれば休みたい」くらいの健康状態、不調による仕事のパフォーマンスの低下が起こりうるということが、めずらしくありません。

女性は、子宮内膜症や子宮筋腫など、生理を重くする病気になることはかなりありますし、これらのはっきりとした病気がなかったとしても、つらい生理のためにＱＯＬが著しく下がることもあります。月経前症候群（ＰＭＳ）の人であれば、毎月生理前にイマイチな状態を経験します。また、20代から子宮頸がんに、30代からは乳がんにと、若い年代から、がんという命を脅かす病気に罹る可能性があります。

そして、妊娠・出産という、明らかな病気ではないライフイベントにより、キャリアが一時期途切れざるをえない点はお話ししたとおりですが、子育てを終えて、あるいは子育てをしながら仕事に復帰しても、遠からず更年期がやってきます。更年期症状や更年期障害によってからだの不調、こころの不調を経験する女性は少なくありませんから、このタイミングでも思うようにキャリアを積めないどころか、キャリアをあきらめる方もいます。

これらすべてが、ただ「女性である」ことから生じる調子の悪さなのに、それによって自分が望むようなキャリアを手放さざるをえなくなる方が、少なからずいるのです。

産婦人科医としてさまざまな女性と接してきて思うのは、**男性が順調にキャリアを積んでいくために必要なことと、女性がさまざまな不調を乗り越えて元気に働き、な**

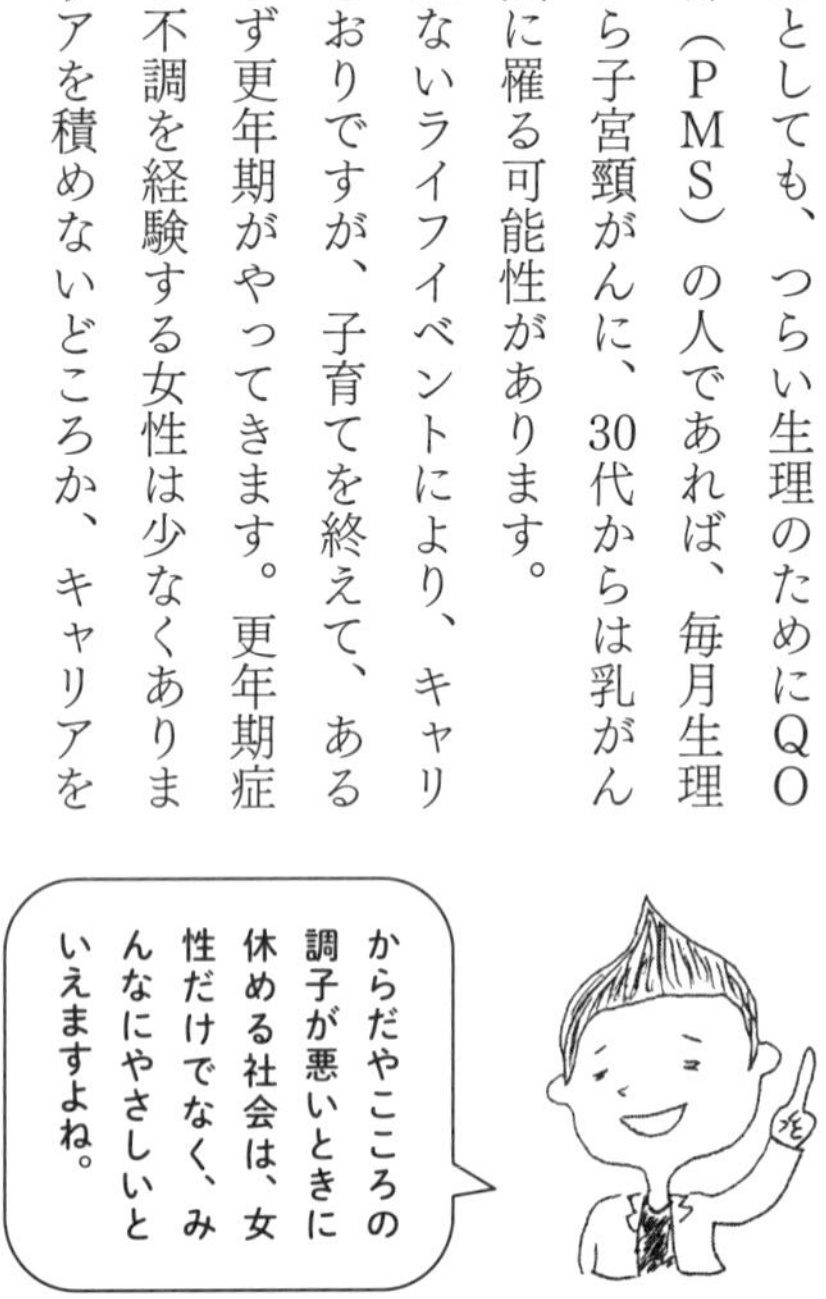
からだやこころの調子が悪いときに休める社会は、女性だけでなく、みんなにやさしいといえますよね。

おかつ自分が望むキャリアを積んでいくために必要なことには大きな開きがある、ということです。

女性の健康とキャリアの関係については、さまざまな統計や調査があって、いつごろ、どんなトラブルが起こりうるかはある程度予測できるわけですが、何かしておけば１００％避けられるわけではありません。

誰にでもできることといえば、食事に気をつけることと、運動習慣を身につけること、これぐらいです。ですが、じつはこれらがとても重要で、**思うようにキャリアを積んでいくためのベースには、肉体的に快適であることとこころの状態が安定していることが必要です。**当たり前のことではあるのですが、知っているからといって、実践できているわけではないのが現実です。

さらにいえば、女性たちが抱えるこれらの健康課題について、男性のみなさんにもぜひ知っていただきたいと思っています。特に、会社や地域コミュニティでなんらかの決定権をお持ちの人たち、女性のキャリア形成にかかわる可能性のある人たち、そんな方々に理解が広まってほしい。

そんな社会では、女性たちはもっと安心して挑戦できるだろうし、のびのびとパフォーマンスを発揮できるのではないでしょうか。

私たち自身が、思いをちゃんと口にすること、誰かに伝えることも大事です。

そして、若い世代の女性のみなさんにはぜひ、どれだけ仕事に夢中になっていてもいいから、定期的に子宮頸がんの検査を受けていただきたいし、ある年代になったら乳がんのチェックをしてほしい。

そして、QOLを下げるような月経困難症、PMSをはじめとする月経随伴症状、それから私たちのこころの状態を大きく損ねる可能性のある更年期特有の不調、これらの課題に対して、自分でできることがあるということを知っていただければうれしいです。

産婦人科医として、女性をよりエンパワーするような取り組みをしていきたいし、社会全体がそのような方向に向かってほしいと願っています。

Chapter.
8

母も娘も
〝私の人生〟
を歩いて
いこう。

娘には娘の人生、私には私の人生

私は、産婦人科医としてクリニックで診療に当たったり、スポーツドクターとして講習や講義を担当したりするほかに、コロナ禍真っただ中の2020年から、インターネットラジオの配信を始めました。

毎日20分ほど、そのときどきの思いや、みなさんにシェアしたい健康に関する知見などをお話ししてきたのですが、そのうちに、さまざまな相談のレターが寄せられるようになりました。内容は、女性特有の病気や症状についての悩みから、人間関係で生じる悩み、日常生活でふと感じる疑問など、多岐にわたります。

相談のなかでかなり多いのが、娘さんや息子さんに関する相談です。

例えば、娘がずっとスマホを見ていて依存しているのではないかと心配だとか、息子がうちの中で急に口数が減って心配だとか、毎日のようにお子さんのご相談をいただきます。

このようなレターを受け取ったら、子どもを持ったことのない私なりの回答をお返しするのですが、お子さんのことを心配する親御さんの声をたくさんうかがってきて願うのは、若い世代の方たちに健やかな人生を歩んでほしいと思うのと同じくらい、あるいはそれ以上に、**母親世代のみなさんにこれからの人生を快適に、楽しくすごしていただきたい**ということです。

親御さんからすれば、きっと毎日心配になることばかりなんですよね。スマホばかり見ていないで、本を読んだり映画を見たりしてみたらとか、自分の部屋にばかり閉じこもっていないでもっと外に出ていろんな体験をしてきたらとか……。ですが、まるまるひと世代分も年齢が違えば、考え方や生活様式が異なるのは当たり前で、親御さんが心配する娘さんや息子さんの姿というのは、その年代の若者とすればごくふつうの、よくある姿なのではないかと思うケースが多いです。

若者たちというのは、自分の思いがそこに向かなければ、親に言われただけではなかなか動きません。逆に、何かやりたいことが見つかれば、きっと自分から動くことでしょう。

私は、「究極的な親の役割って何?」とたずねられたら、「子どもに可能性を見せること」だと思っています。その可能性のなかで、子どもから「これがやりたい!」と

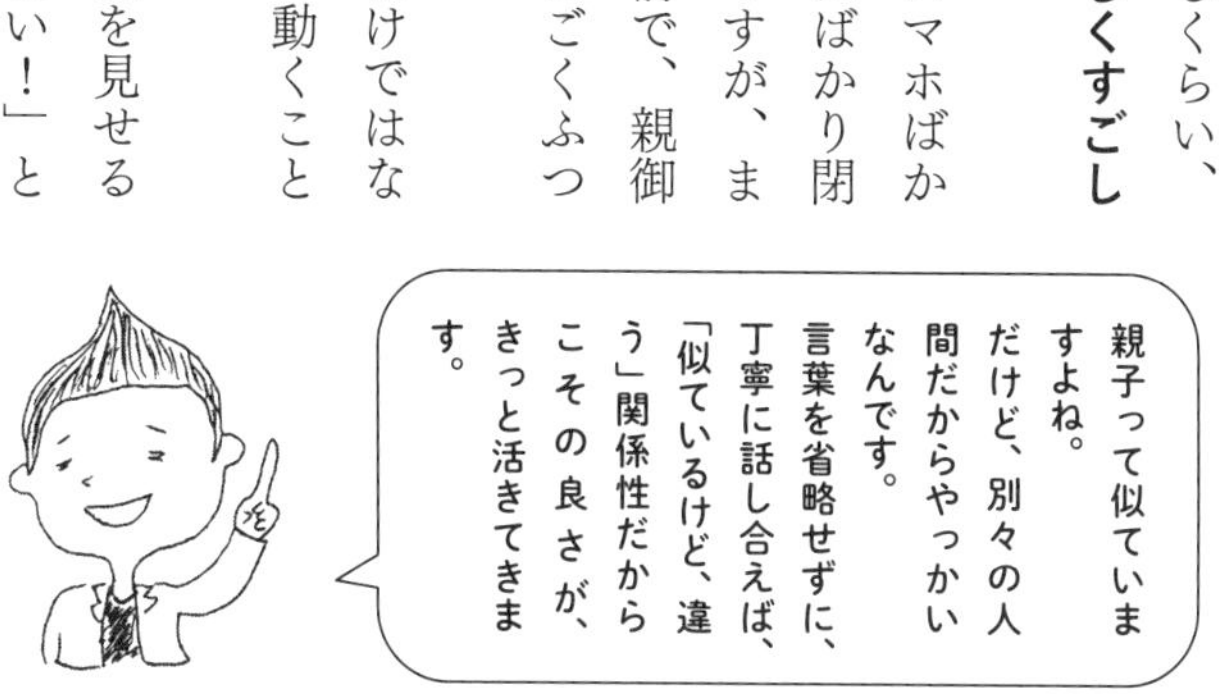
親子って似ていますよね。
だけど、別々の人間だからやっかいなんです。
言葉を省略せずに、丁寧に話し合えば、「似ているけど、違う」関係性だからこその良さが、きっと活きてきます。

言われたときに、なるべくその環境を提供できるようにしておく。親がするべきことって、きっとそれくらいでいいんですよね。

もちろん、人生の先輩として、「ああしたら？」「こうしたら？」といろんな提案をするのもありだと思いますが、それよりも、**お母さんお父さんが「自分の人生」を楽しくすごしている姿を娘さん息子さんに見せることのほうが、親としてよっぽど大事なことだと考えています。**

仕事が好きなら仕事に打ち込んでいる姿でもいいし、趣味に没頭している姿でもいい。夫婦がすごく仲良くハッピーに暮らしているとか、おじいちゃんやおばあちゃんといい関係性であることも、その一つだと思います。

けれど、どうでしょう。

今の世の中って、大人があまり楽しそうではありませんよね。

楽しい毎日をすごすということが、じつはとても難しいこともわかるんです。仕事で疲れ切っていたりすると、いつも朗らかでいるのは難しいでしょうし、休日もできるだけ動きたくないという気持ちにもなるでしょう。

でも本来は、お母さん世代の30代、40代って人生のなかでもっとも脂ののった時期で、もっと楽しい時間をすごせるはずの年代なのです。

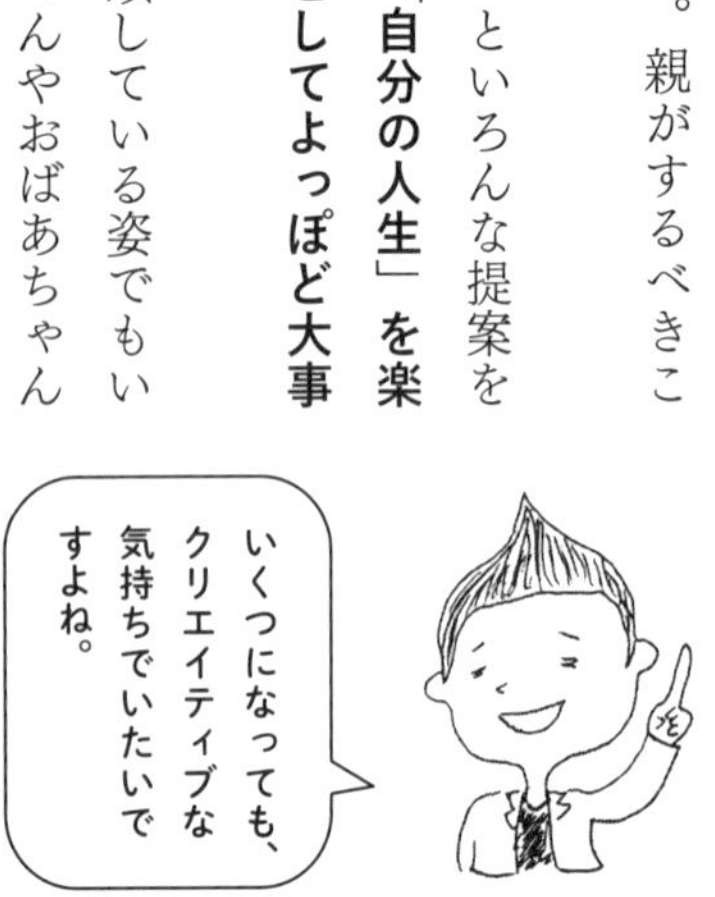
いくつになっても、クリエイティブな気持ちでいたいですよね。

自分の人生にもっと集中してもいいのにな、という時期に、子どものことに夢中になりすぎていて、子どものほうばかりを向いてしまう。例えば、子どもにがんばってほしいからとあれこれ機嫌を取ることにパワーを注いだり、詮索するほどに子どものことが気になって、心配になって干渉したり口出しすることに神経を使ったり……。「子どものために、よかれと思ってがんばっていることなのに、なんだか本末転倒な状態になっちゃってない？」と感じることもあります。

親にできることは、子ども本人が走り続けるための準備でしかありません。子どものために道をつくることはできても、その上を走っていくのはあくまでも本人。だから、お母さんにはお母さん自身の幸せを追いかけてほしいと思っています。

そして、40代を迎えたお母さんが、自分の人生をアクティブに楽しむためには、**「肉体的な快適さと健やかなこころ」が欠かせません。私が更年期の女性のヘルスケアに注力し続ける理由は、そんなところにもあるのです。**

お母さんが自分の心身に状態を知り、ケアすることで、子どもとも健やかにかかわれるのではないかと思います。

また、娘さんには、いつか人生のもっと先に経験することになるであろうからだやこころの変化や、不調とのつき合い方を知るきっかけになるかもしれません。

40歳になったら、からだの変化に目を向けて

日本人の女性の平均的な閉経年齢から計算すると、更年期はだいたい40代半ばから始まりますが、更年期をうまく乗り越えるためには、そのもう少し手前から、自分のからだに起こりうる変化というものに目を向けてみるといいと思います。

更年期は「閉経の前後5年、合わせて10年間」と定義されていて、日本人女性の閉経の平均年齢が50・5歳ですから、更年期がいつから始まるかと聞かれれば、40代半ばというのが答えになります。ただ、これはあくまで平均であって、個人差はとても大きく、例えば「47歳で閉経しました」という方にとっての更年期のスタートは何歳かといえば、47から5を引いた42歳です。

ところが、42歳のときにこころの不調を経験しても、更年期特有の不調かもしれないと思う女性はほとんどいません。「更年期にはまだ早い」というイメージがあるからですよね。あとから振り返ったときに、42歳から起きていたからだの不調は、更年

期によるものだったかもしれないね、と気づくのです。

一般的なイメージよりも、早く閉経を迎える女性はどれくらいいるでしょうか。「正常」とされる年齢の幅はかなり広く、40歳以降に閉経を迎える場合は異常と扱われません。40歳より前に閉経を迎えたケースは「早発閉経」と呼ばれ、月経異常の一つとされています。

では、早発閉経の患者さんがどれくらいいるかというと、2019年の報告[*14]では、女性全体の3・7％となっています。さらに、40歳から45歳のあいだ――異常とは見なされないが、平均よりはずいぶん早い時期――に閉経を迎える女性がどれくらいいるかというと、全体の12・2％という数字が出ています。

それらを両方合わせるとほぼ16％です。つまり、45歳より前に閉経を迎える人は、6～7人に一人の割合で存在するということになります。

イメージより多いな、と感じませんか？

ということは、**「40代に入ったら、更年期に起こりうる不調があってもおかしくない」**という心づもりでいていいのです。こういう知識が頭の片隅にでもあれば、何か調子の悪さを感じたときに、**「もしかしたら卵巣機能の低下によって生じている不調**

【＊14】 Golezar, S., Ramezani Tehrani, F., Khazaei, S., Ebadi, A. & Keshavarz, Z. The global prevalence of primary ovarian insufficiency and early menopause: a meta-analysis. Climacteric Aug; 22, 403-411 (2019).

なのかも」という発想ができます。そうではない可能性ももちろんありますが、想定してみることで、自分のからだに目を向けるきっかけになるのではないでしょうか。

更年期に生じる症状には、めまい、動悸、のぼせ、大量の汗をかく、イライラや不眠、疲れが抜けない、目覚めがすっきりしない、むくみ、手足の冷え、集中力が続かない、わけもなく落ち込むなど、さまざまなものが考えられます。40代に入れば、こうしたさまざまな不調が自分にも起こりうるかもしれないと思っておくといいでしょう。

からだの状態が大きく変化しつつある、そのまっただなかにいることをぜひ知っていただきたい。長年愛用してきたものを大事にメンテナンスするような気持ちで、「私のからだ」と向き合ってみていただければと思います。

健やかな更年期のために、40代からできること

では、からだの調子を整えるために、40代からできることには何があるでしょうか。

答えは二つ。まず一つは、ここまでお話ししてきたように、女性ホルモンの分泌量

個人差はありますが、小学生にもなれば、「お母さんはからだの調子が悪いから休ませて」と言っても、わかってくれると思いますよ。

の低下にともなって生じる変化を想定して、婦人科的な治療を含めた対策をとっていくことです。さらに、腰や肩が痛い、胃腸の調子が悪い、視力の低下といった、性別問わず生じる加齢にともなう変化についてもイメージしておくと良いでしょう。

もう一つの答えは、**40代のうちに良い生活習慣を身につけておく**ことです。なぜかというと、**女性の生活習慣病は、閉経以降にやってくる**からです。

閉経後はエストロゲンが分泌されなくなることによってコレステロールの値が高くなりますから、血管の内側にプラーク（悪玉コレステロールが血管の内膜にたまってこぶ状になったもの）ができやすくなり、血管の弾力性が落ち、動脈硬化を引き起こす可能性が高まります。すると、血圧が高くなります。つまり、エストロゲンが失われることで脂質異常症→動脈硬化→高血圧症といった生活習慣病になりやすく、さらには狭心症や心筋梗塞といった心血管疾患を起こしやすくなるわけです。

これらの生活習慣病のきざしは、男性の場合、20代、30代、40代と着実に増えていきますが、女性の場合、40代までは気がつかないうちに、女性ホルモンによって守ってもらえていたのです。しかし、閉経を迎えると、生活習慣病が目立ち始めます。ですから、閉経後をみすえて、良い生活習慣を身につけておくことが大事になります。

いかに安全に、更年期の曲がり角を曲がりきるか。ドライビングテクニックを磨いておきましょう。

では、良い生活習慣とは何かといえば、基本は、望ましい食生活と定期的な運動、そして睡眠時間の確保です。

生活習慣の改善については健康診断の際の保健指導などで聞いたことがある方も多いかもしれませんが、何度でもお伝えしたい大事なことですので簡単に解説します。

食生活については、洋食より和食のスタイルで、肉より魚を中心に、野菜をたっぷりとります。エストロゲンと似た働きをすると言われている大豆イソフラボンを多く含む食品——納豆や豆乳、豆腐、きなこなど——や、不足しがちなカルシウムやビタミンをしっかりと、できればサプリではなく食事からとることが望ましいでしょう。

また、からだに良いものを積極的にとるのも大事ですが、悪いとわかっているものを多くとらないのも大事です。塩辛いもの、熱すぎる飲みもの・食べもの、糖分、動物性の脂質はたくさんとらないようにする。摂取カロリーや食事をとるタイミング、アルコール摂取の習慣なども見直せるといいですね。

運動習慣についてですが、すべての年代の女性、特に40代以降の女性に取り組んでいただきたい運動は有酸素運動と筋トレです。

目標は、筋肉量と関節の可動域をキープすること。

運動の種類としては、こころの状態に良い影響を及ぼす運動を選ぶといいかもしれません。リズム運動――ウォーキングや軽いジョギング、自転車こぎなど一定のリズムを刻むもの、太極拳やダンスなどリズムに合わせた動きをともなうものなど――を一定時間以上続けるとセロトニンの産生が増える、ランナーズハイの状態ではβエンドルフィンの産生が増えているなど、運動がこころにもたらす良い効果がいくつも指摘されています。また、ヨガのように呼吸法をともなう運動であれば、副交感神経が優位な状態になって、リラックスできるメリットを得られます。

こういった運動は習慣にするまでにハードルがあり、走るのが好きで、毎日走らないとスッキリしないという方がいる一方で、運動を好きではない方はなかなか続かないんですよね。だったら、おうちの中で何かできることはないかなというふうに、考え方を変えてみるのもいいかもしれません。

お酒はほどほどに。

また、女性は男性に比べて少ない量でアルコール依存症になるとされています。キッチンドリンカーのような隠れ飲酒は習慣になってしまうとやめづらく、深刻な体調不良につながります。お酒を飲まれる方は、一週間で飲む量の上限を決めること、

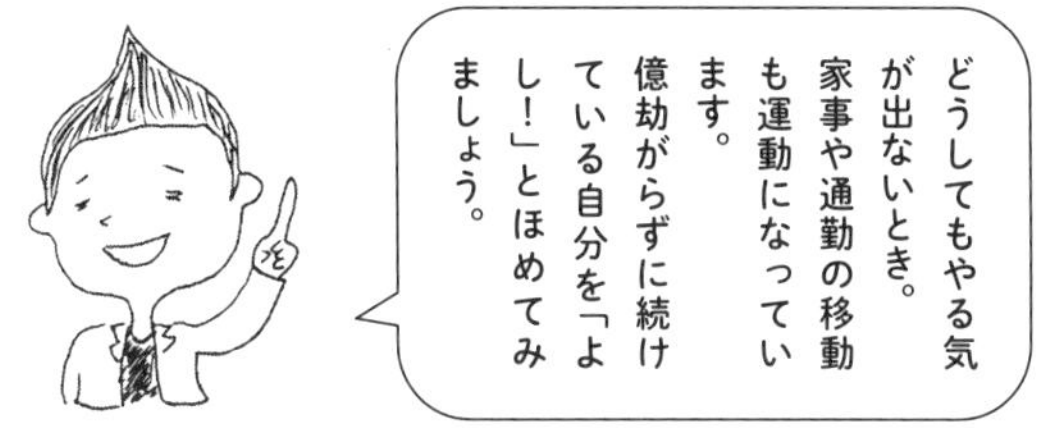
どうしてもやる気が出ないとき。家事や通勤の移動も運動になっています。億劫がらずに続けている自分を「よし！」とほめてみましょう。

週に何日かは休肝日をつくることを心がけてください。

さらに、タバコについて。

日本人女性の喫煙率は年々下がっており、吸わない人のほうが圧倒的に多いと思いますが、吸っている方へのアドバイスとしては、何かをきっかけに——禁煙イベントに参加するとか、何か病気や手術などで入院することになったとか——思い切ってやめてしまうことをおすすめします。

それから、しっかり休むということ。

何時間眠るかだけでなく、睡眠のための良い環境づくりをしてください。睡眠の質が大事なことはここ数年でかなり知られてきましたので、スリープテックを用いた枕やマットレスなどに投資してみるのもいいかもしれません。あるいは、眠っているあいだの照明やカーテン、音楽や香り、こういったものを工夫してみる。

住まいの環境が許せば、パートナーと寝室を分けてもいいのかもしれません。夫婦別寝を推奨しているわけではありませんが、もし寝室をともにすることによって良質な眠りが妨げられていると感じているのであれば、それぐらい思い切って見直してほしい点だということです。

セルフケアの極意は「心地良く生きる」

私たちは、日々何かしらの不調を抱えながら生活しているものです。生理痛や月経前症候群（ＰＭＳ）といった女性特有の不調から、ちょっとおなかが痛い、微熱がある、疲れがとれない、口内炎ができていてつらい、やけどをした、ささくれをはがしてしまって痛いといったささいなことまで、肉体的な快適さを損ねるできごとはたくさんあります。むしろ、肉体的に１００点満点の快適さですごせるなんて日は、年に数日もないくらいかと思われます。

その「ちょっとイマイチだな」と感じる状態を、自分で少しでも改善したり、快適にしたりするのが「セルフケア」という考え方です。

「おなかが痛い」であれば「昨日食べすぎたからかな、胃薬を飲んでしばらく安静にしていよう」という具合に、症状・原因・対策を自分で判断して、ケアしています。口内炎にパッチを貼ったりサプリメントでビタミンＢをとったりするのも、セルフケアといえます。

そして、自分ではどうにもならないときに、病院に行って医師の診察を受けるというアクションを選ぶわけで、言い換えれば、私たちは、何かしらのセルフケアをしながら日々をすごしているのです。

生活習慣の改善も、その大事な一つです。というより、生活習慣――食べること、動くこと、休むこと――がセルフケアのベースになっています。

セルフケアとは何かをシンプルにいえば、「自分の健康や未来のために、自分でできることはなんだろうと考えて行動すること」だと思いますが、**その極意は「賢く、心地良く生きる」ということなんじゃないかな**と思っています。

今の日本には、「生活習慣を改善するぞ」と決意したら、できることってたくさんあるんですよね。

健康診断はその最たるもので、自分のからだの調子をチェックするために必要な客観的なデータを毎年蓄積できると考えれば、こんなに良いものはないなと思います。

食事についても、減塩食材や宅配サービスなど多種多様なものが流通していますし、摂取カロリーや不足している栄養素を教えてくれるアプリも存在しています。

苦手な方が多い運動習慣についても、フィットネスジムやヨガ教室などのほかにも、市や区が運営しているスポーツ教室やスイミングスクールなどがあって、比較的費用をかけずに指導が受けられるものもたくさんあります。

今の私たちの社会には、健康づくりをサポートしてくれるさまざまなサービスがあって、自分のライフスタイルに合うものを選ぶことができるんです。うまく生かすことができるといいですね。


さらにいえば、女性のセルフケアの延長に、産婦人科の受診があったらいいなと、私は考えています。というのは、更年期になって、からだやこころの不調がどうしようもなくなってから受診するよりも、そのもっと手前で――生理が不順で気になるとか、若いときは生理に困っていなかったけど、量が増えたり間隔が不安定になってきたりして困ることが増えてきたな、PMSが重くなってきたな、などのタイミングで――産婦人科にかかって、通って、かかりつけにしていただきたいです。

私たち医療者から見ると、その患者さんが生理痛で悩んでいるのか、PMSで悩んでいるのか、あるいは妊娠・出産でトラブルがあったかなどを知っていると、何か症状が出たときに「この方はこういう病歴がある」「こういう体質の人だ」という背景をあらかじめ知っているために判断がしやすいのです。

10年ぐらい前までは、産婦人科というと妊婦さんがいくところというイメージが強かったと思いますが、産科のない婦人科だけの医院もありますし、現在は、女性特有の不調の解消や健康維持のためにもっともっと利用していただきたいと、私たち産婦人科の医師は思っています。

そういう意味では、「女性のかかりつけ医は産婦人科医にする」というのも、賢く生きるための選択の一つかもしれません。

全部診る、ずっと診る「かかりつけ医」

ここで、かかりつけ医について、私の考え方を少しお伝えしたいと思います。

近年「かかりつけ医を持ちましょう」と盛んにいわれるようになりましたが、かかりつけ医を持つことはこれからますます重要になっていくと思います。

その理由として、現在の保険診療の仕組みというものが少しずつ変わっていっていることが挙げられます。かかりつけ医にかかることをせず、いきなり大学病院などの専門性の高い医療機関にかかろうとすると、診察料のほかに特別料金が加算される仕組みはすでに実施されてきましたが、さらに、2022年10月からこの特別料金が値上げされました。また、紹介状がないと自己負担額が高くなる、病院の範囲が広くなる、などの改訂もおこなわれました。

これらのことは政府が決めていますので、患者負担額が上がるからといって病院や医師が儲かる、ということはありません。あくまで、高次の医療機関での診療を必要としている人が適切に受診できるよう、整備されているわけです。

不妊治療も含め保険診療の対象がどんどん拡大するなかで、財源をどうするかは常に議論されていて、みなさんまずはかかりつけ医に相談してくださいね、そのほうがコストが抑えられますよ、という誘導ともいえます。

「じゃあ、かかりつけ医ってどういうものなの？」というそもそもの疑問があるかもしれません。まだまだ共通認識として浸透していなくて、戸惑っている方も多いと思います。

私が思うには、私たち医療者から「3カ月後にきてくださいね、再度診察が必要なので」とお伝えしたときに、患者さんがだいたい3カ月後にちゃんときてくれる状態、これが「かかりつけ」といえる関係性なのではないかと思っています。

これってレストランでも同じですよね。「来月の25日の午後8時にお邪魔します」

と予約をしたら、レストランのほうは「来月の25日の午後8時にきてくれる」と思って待っている。私たちは予約した日時にレストランに行くし、レストランのほうはその時間に私たちのために席をあけておく。お互いが約束を守るためにアクションを起こす、この行動が信頼関係を生むわけなんです。

たびたび時間に遅れるとか、しょっちゅうキャンセルするとかだと、お店の側は「この人はそういう人なんだな」と思うのと同じで、次回は3カ月の受診をすすめたのに来ないとか、半年後に再度診察をと伝えたのに、2年経ってから来るというような状態であれば、「この患者さんからかかりつけ医だと思われていないんだな」と私だったら思います。もちろん、仕事が忙しいとか家庭の用事とか、予約したい日に空き枠がなかったとか、いろんな事情で受診を指示したころにこられないことはあると思いますが、それが繰り返されると信頼関係をつないでいくことは難しいでしょう。

患者と医師のあいだでも約束を守る姿勢が大切で、お互いに信頼関係がある状態のことを、「かかりつけ医」という言葉で表現するんじゃないかな、と思うわけです。私たち医療職側にも予約の時間を守れない、なんてこともよくあり、もちろん自分にも言い聞かせています。

かかりつけ医を持つことの最大のメリットは、総合的な判断を受けられる点です。例えば、頭が痛い、動悸がする、背中や腰に痛みがあるといった症状が、同時に起こっているときに、一つひとつの症状に原因がないかどうか、レントゲンをとったり心電図をとったり、血液検査をしたりしてチェックします。そういった一つひとつの検査は、別の内科医だったり整形外科医だったりがおこなうこともありますが、それらの結果を突き合わせて、最終的な判断をするのがかかりつけ医の役割です。

そして、かかりつけ医をもつもう一つのメリットは、以前の検査結果と今とを比べられるということです。私たち医療職が判断するにあたり、もっともしたいことは「以前」と比べることです。前回はこうだった、今回はこうだった、じゃあその変化は何によって起きているのか。こういった変化の確認がいろんな判断のベースになっていきます。

例えば、ある女性が子宮筋腫で、20ミリの筋腫があったとします。半年後に来てねと言ってまた検査をしたら、23ミリになっていた。半年間で3ミリの増大であれば、生理が順調にある年代の方であれば想定内の変化だよね、と判断できます。あるいは、55歳の方で20ミリの筋腫があったけれど、1年後に見てみたら指摘しづらいぐらい小さくなっているね、みたいなことも以前の記録があるから判断できるわけですね。

そういった経過を同じ医師が、もしくは同じ医療機関で見てくれているという状態は、患者さんにとって安心感だけでなく、相談のしやすさにつながるのではないでしょうか。

そして、女性にとっては、思春期以降の生理のトラブルやピルについて相談できて、妊娠・出産にまつわるサポートが受けられて、更年期以降のからだの変化に対するアドバイスも受けられる、こういったことが産婦人科なら可能なんです。もちろん、ほかの診療科の先生方も患者さんの人生に寄り添った医療を提供しようと努力されていると思いますが、女性の人生を一番長く見続けていけるのが産婦人科で、それが一番のやりがいかなと私は思っています。

産婦人科であってもなくても、何か困ったときに、いろんなデータを読みといて、次にどういう手を講じたら良いかを提案してくれるのが「かかりつけ医」という存在であり、これからますます大切になっていくことは、間違いないでしょう。

こころの「イマイチさ」と からだの不調

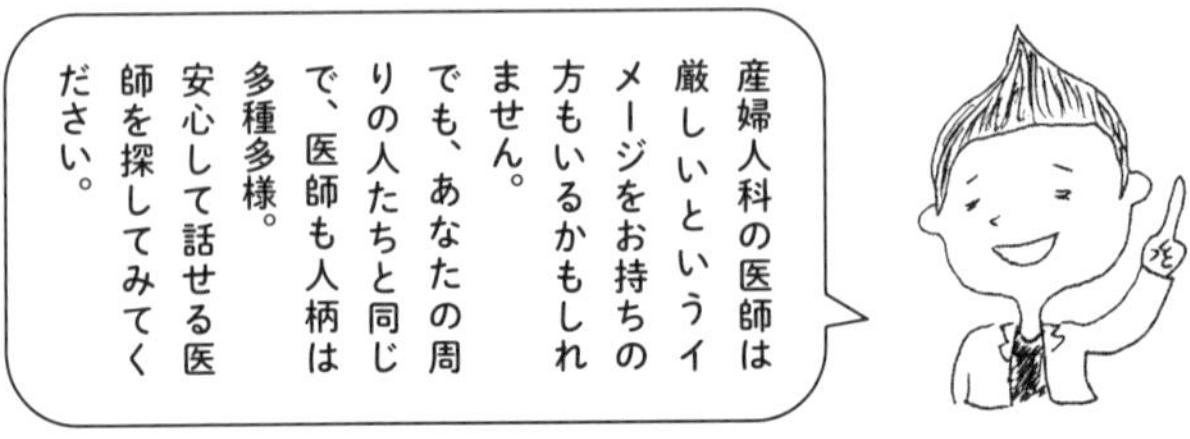
産婦人科の医師は厳しいというイメージをお持ちの方もいるかもしれません。
でも、あなたの周りの人たちと同じで、医師も人柄は多種多様。
安心して話せる医師を探してみてください。

自分のからだをこまめにメンテナンスするメリットは、肉体的な快適さをキープできることはもちろん、精神的な安定にもつながっていくことです。

悩みごとのほとんどはからだの不調か、こころの不調として訴えられるのですが、それぞれ単独で起こるのかというと、そうばかりでもなく、どちらか一方の不調が、もう一方の不調を引き起こしたり、双方が関係している可能性は高いのです。

なかでも、からだの不調がこころの不調を引き起こすケースのほうが多い印象を受けます。

なぜかといえば、不安になるからです。

自分はこの先どうなっちゃうんだろう。明るい未来が想像できない……など、人間が想像力を持つ生き物だからこそ生じてしまう不安です。こうしたこころの不調は、からだの状態に対する無頓着につながっていきます。そしてからだのケアをしなくなると、からだの不調は改善しないままになります。すると、さらに気持ちが不安定になる……つまり、マイナスのスパイラルに陥る可能性が高いのです。

特に私たち女性は、ＰＭＳや更年期という女性ホルモンに揺さぶられる時期にこころの不調を経験しやすい、とお話ししてきました。

なかでも、更年期にあらわれるさまざまなこころの症状――不眠、イライラ、不安感、憂うつ感など――は、ホルモン補充療法を続けてもあまり改善しないケースはめずらしくありません。なぜかというと、精神的な不調は、女性ホルモンの減少だけが原因ではなく、その人の生活環境やパーソナリティなどが複雑にからみあって発症するからです。

そして、その原因を探しても、はっきりと「これだ」と言える明確な何かが見当たらないケースが多々あります。場合によっては、心理カウンセリングを受けるとか心療内科や精神科で薬を処方してもらうなど、婦人科的な治療とは別の方法もおすすめしています。

不安やストレスをうまく解消できるよう、セルフケアの考え方をメンタルヘルスに当てはめてみることはとても大事です。

しかし、からだの不調に比べて、こころの不調というものは目に見えない分、医療を必要とするよりも前からセルフケアをしておこう、という発想になりづらいのも確かです。

こころの「イマイチさ」にセルフケアでアプローチする方法としては、まずはから

だに働きかけることから、でしょう。からだの不調をある程度改善することで、不安やストレスを少しずつ取り除いていく。

それから、運動習慣を持つことはこころにも良い影響を及ぼします。マインドフルネスと呼ばれる瞑想法や呼吸法を試してみたり、アロマセラピーや鍼灸に通ってみるなど、セルフケアにはいろんな方法があります。

家族や友人など、気のおけない間柄の人とのおしゃべりも、ストレス解消にいいと報告されています。自分の状態を保つのに効果がありそうだなと感じたら、そして経済的に続けられるものであれば、セルフケアとして積極的に取り入れてみてください。

24時間のうち何時間を自分のために使ってる？

セルフケアが大切なのは、きっと多くの方が感じていらっしゃることだと思うのですが、「わかっているけどできないんです」という方も大勢いらっしゃるでしょう。毎日仕事と家事、育児で精一杯で、自分のことをかえりみる時間なんてほぼないという声を本当にたくさん聞きます。

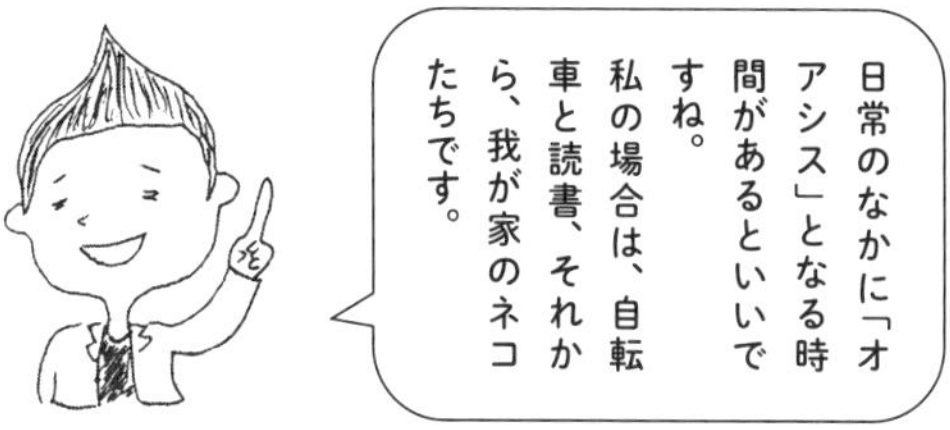
日常のなかに「オアシス」となる時間があるといいですね。私の場合は、自転車と読書、それから、我が家のネコたちです。

ただ、そのような時間の使い方を思い切って変えてみる。それまでトップスピードで走っていたのを、ちょっとスピードをゆるめてギアチェンジしてみる。これができるのも、40代という年代なんじゃないかなと思います。

そう考えると、**「40代からできることは?」の真の答えは、「自分のために時間を使うこと」なのかもしれません。**

一人の人間が持っている時間とエネルギーの分量は、ある程度決まっているわけですが、30代から40代に差し掛かるぐらいまでの女性たちの多くは、それらの大半を自分以外の誰かのために費やしているのが現実です。

若いうちは、睡眠時間を削って仕事に打ち込んでいる女性がたくさんいると思います。働き始めて数年経って、恋人ができて結婚するころには、仕事に費やしていたエネルギーのいくらかは、その相手のほうに移っていくかもしれません。

一方で、子どもができたら、自分と相手の分がぐっと減って、子どもへ多くが振り分けられるわけですね。そして、子育てしているあいだじゅうずっと、ほとんどのエネルギーを子どもに注いでいるため、自分のことは大切にできていない状態が続きます。

そんな20代、30代を経て、40代というのは、ようやく自分のために時間を使えるようになる時期ともいえます。

更年期に差し掛かってきたら、自分自身にエネルギーと時間を振り分けていただきたい。逆にいえば、時間と労力の振り分け方を変えないまま、生活習慣を改善することは難しいです。

子どもにもまだまだ手がかかるころに、もしあなたが育児の多くを担っているとしたら、子どもに向けているそのボリュームを、パートナーがいるなら相手に半分担当してもらうのがいいでしょう。パートナーとしっかりコミュニケーションをとりながら、偏りすぎることなく、うまくバランスがとれる生活を目指してほしいです。

クリニックを受診する患者さんからは、十分な睡眠時間を確保しないままエナジードリンクを飲んでがんばるとか、ついついカフェインを摂りすぎているとか、疲れちゃったからお酒を飲んで寝るとか、そんなケースもよく聞きます。そこを見直さない限り、どれだけホルモン補充療法をしたって、漢方薬を飲んだって、根本的な解決にはなっていないということに気づいてください。

私たち医療職はみなさんに「睡眠時間とれていますか」「運動習慣もてていますか」と質問しますが、最終的には、**その人自身が強い意志を持って変わろうとしなければ、生活習慣は変わりません。**

人生で大事なのは「チューニング」。そのときどきで、どこにボリュームゾーンを持ってくるかは自分で決められる、という考え方を持ってみてください。バランスが良くなると、楽になりますよ！

いま、何歳であっても私たちは、残りの人生をこのからだ、このこころで生きていくしかありません。膝が悪くなったからといって、新しいものに置き換えることはできず、このからだとこのこころをできるだけ良い状態でキープする、その大切さを認識することが、特に40代の女性にとっては大事なことだと思います。

今日の自分を俯瞰して、記録してみよう

クリニックの診察室で、あるいはインターネットラジオを通して、さまざまな女性の声を聞いてきて感じるのは、何かに悩んでいるときには、そのことにだけ意識がフォーカスしてしまっていて、ものごとを俯瞰することができなくなるものだということです。

さまざまな悩みに対処する際のベースとして、「他人を変えることはできないけれど、自分のこころの持ちようは自分で決めることができる」という考え方があります。よく耳にする言葉だと思いますが、多くの人は実践できていないのが現実です。自分のこころのもちようを自分で決められているのであれば、世の中こんなにみんな困っ

ていないよねと、正直思います。

自分自身のものの見方や考え方のクセのようなものを「マインドセット」と呼びますが、これは自分で意識して変えようとしない限り変わりません。

だからこそ自分の今のこころの状態がどうであるかを常に俯瞰してみること、そんなマインドセットを自分のなかにもっておくことがとても大切になります。

ちょっと離れたところにいるもう一人の自分が、自分を眺めているようなイメージで、「私は今疲れているんだな」「ちょっと落ち込んでいるな」「今日はものすごく調子が良さそうだ」というように、自分のこころの状態を評価してみる。

まずは気づいたときに試してみてください。さらに、習慣にできるよう、例えば、自分のこころの状態を確認することをモーニングルーティーンに組み込んでみる。すると、だったら今日はこんなふうにすごそう、これをやってみよう、みたいなアイデアや行動につながっていくんじゃないか。そんなことを考えたりします。

朝でなくても、夜寝る前に、好きな飲みものでも飲みながら、その日一日を振り返ってみるのもいいと思います。大事なのは自分自身を俯瞰してみることであり、そのためのきっかけを自分なりにもつということです。

その日の自己評価を記録しておくと、あとから振り返ったときにとても役に立つものです。

その日に何があって、自分がどう感じたかを言葉で記録するのが日記ですが、日記をつけないまでも、手帳やカレンダーのすみに、今日はかなり良かったとかイマイチだったと書いておくとか、0点から10点までの点数でつけてみるとか、◎・○・△・×の4段階評価で印をつけておくとか。

自分のやりやすいかたちで自分の感覚を書きとめておくと、例えば、気持ちのアップダウンが月経周期にかかわっていることがわかって、「今は生理前だからちょっと落ち込んでいるんだな」と冷静に判断できるようになったり、あるいは、年単位で眺めてみたときに、「ああ、あのときはこういう気持ちになったな」とか、「前にもこういう経験をしたから、今回はあのときよりは楽かもしれないな」という具合に、以前と今の自分との比較ができるようになります。

一日のなかでも変化があるかもしれません。朝起きたときはよく眠れなくて「△」からスタートしたけど、一日をすごしていくうちにいいことがあって、夜には「◎」になっていた、なんてこともあったりするわけです。

もしかしたら、毎日絶好調で、朝起きた瞬間からやりたいことがどんどんわいてく

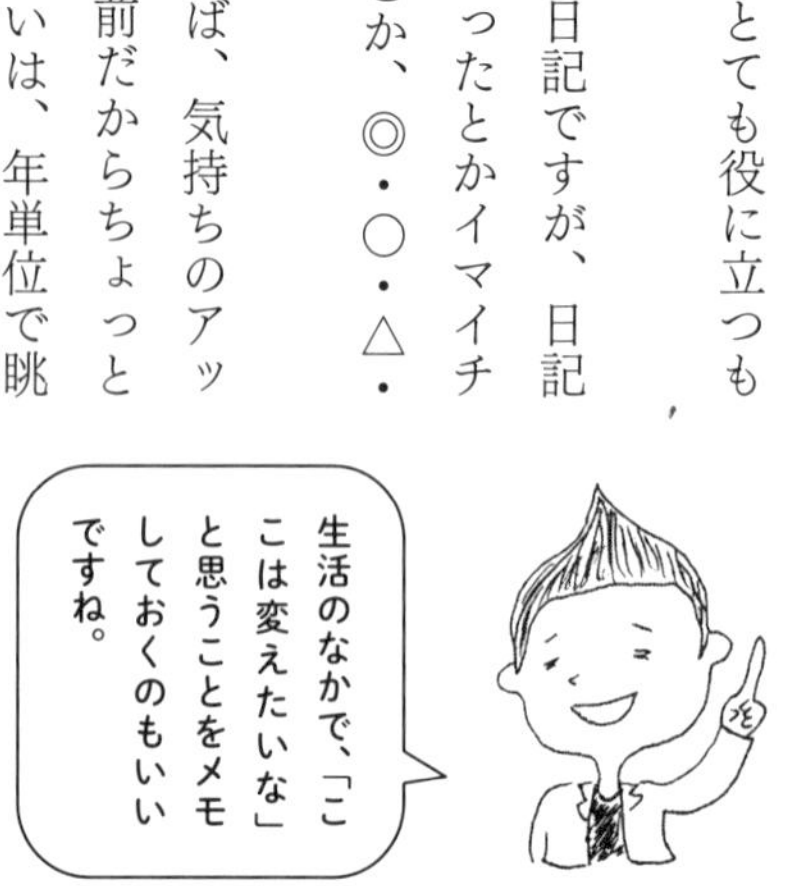
生活のなかで、「ここは変えたいな」と思うことをメモしておくのもいいですね。

るという方もいらっしゃるかもしれません。そんな方は、記録なんてしなくても前を向いてどんどん進んでいけるでしょう。

ですが、多くの方は山あり谷ありで、気持ちが上がったり下がったりを繰り返しながら、人生という道を歩いていると思います。

しんどい場所を歩いているときは、ついつい足元ばかりを見てしまって、しんどいな、しんどいなという思いにフォーカスしてしまいがちです。そういうときにこそ自分をちょっと俯瞰してみる。「ああ、今、自分はしんどいところに差し掛かっているんだな」と自分を見ることができれば、ちょっと休もうとか、もう少しで峠は越えるから乗り越えられるというように、自分で決めていくことができる。

この状況はいつか変わる、もう少し行けば開けた場所に出ると思えるから、私たちはがんばることができるんですよね。そして、今、自分は山の何合目を歩いているのか、この上り坂はあとどれくらいで終わるのかを教えてくれるのが、過去の自分の経験だったりします。

自分を俯瞰してみること、記録をつけること。こころのもちように迷ったときには、この二つを意識してみてはどうでしょうか。

他者に振り回されないしなやかさ、あなたも持てます

以前、私が配信しているインターネットラジオあてに、「友人から不妊治療に対するネガティブなイメージをぶつけられて、とても驚き、ショックを受けました。彼女の持っているネガティブなイメージを変えることはできるのでしょうか」という相談をいただいたことがありました。

その文面から判断するに、この方のご友人は不妊治療を非常に「人工的な方法」だと思っていて、人の手が加わることにネガティブなイメージを抱いている、と。おそらく不妊治療についてご友人の知識が不足しているがために、この方をびっくりさせてしまうような発言が生まれたのだと推測されました。

私個人の意見ですが、不妊治療の「不妊」という言葉は、その状態にうまくマッチしていないと思っています。不妊の状態から妊娠に至る方は本当にたくさんいるので、「不妊」ではなく「いまだ妊娠に至っていない」という言葉のほうがふさわしいのに、と思います。

また、先ほどもお話ししたように、不妊治療が1970年代に「試験管ベビー」と呼ばれた歴史を持つ治療法であることも、ご友人が持つイメージに影響しているかもしれません。

生殖医療のとらえ方はなかなか難しいテーマです。いただいたご相談の文面に戻ると、「彼女の持っているネガティブなイメージを変えることはできるのでしょうか」という文章で締めくくられています。

この「相手に考えを変えてほしい」という願いや期待も、さきほど触れたマインドセットと深くかかわってくる問題だと思います。「他人を変えることはできない」と考えると、悩みも減ります。不妊治療に限らず、何かに対するイメージは本当にさまざまで、それを180度変えるのはまず無理なんですよね。

ご相談の方の場合は、一緒に不妊治療に取り組みながら10年も婚姻関係を継続できているパートナーがいる、つまり一番の味方がもっとも近くにいるという状況であり、不妊治療がどのようなものかを理解して、応援してくれる友だちもいる環境でした。

人との付き合い方を考えるときに優先したいことは、自分を尊重してくれるかどうか、自分を大切に思ってくれているかどうかだと思います。なぜかといえば、そういった人たちとの付き合いが、自分を前向きにしてくれたり、心を暖かく包んでくれたりするからです。

であれば、自分の近しい人との関係をよく保つことだけに絞っていくという考え方も、ありうるわけですよね。

その上で、自分とは異なる意見を持っている人との付き合いをどうしていくかについては、それこそ自分で決めることができる部分です。

付き合いを続けていきたいと思うのであれば、話し合ったり意見を交わらせてみたりしてもいいかもしれませんが、基本的には、自分ではない他者を変えることは不可能だと思っておいたほうがいい。相手の言葉でしんどくなったり、どうしてわかってくれないんだと落胆したりするぐらいなら、その相手との交流を少しずつフェードアウトしていくという選択でも構わないのです。

他人の言葉によってどのくらいストレスを感じるかは、人によりさまざまです。同じことを言われてもさらっと聞き流すことができる人もいれば、軽く受け流せずに気に病んでしまう人もいるでしょう。

共感性が高く、周囲の人の言動に振り回されやすいと感じるのであれば、自分にとって身近な人たちと良い関係を維持することに注力して、ちょっと遠くにある人たちのことはある程度割り切るようにしてみる。

ましてや自分と直接関係のない人たちの言動――メディアやSNSを通して入ってくる言葉も含めて――なんてものは、いちいち気に病むのはもったいない、放っておけば良いという考え方もできます。

あるいは、自分自身のものごとのとらえ方に原因がありそうだという場合は、思考のクセを少し修正するような試みをしてみてもいいのかもしれません。それこそ自分で決めて、変えていけることです。

他人の言葉で迷いそうになったら、自分の選択に自信を持ってください。**自分にとって本当に大切な人、自分を理解して応援してくれる人が何人かいれば、それで十分じゃないでしょうか。**

選ばなかった選択肢は忘れちゃうぐらいで、いい

もう一つ、インターネットラジオあてにいただいたある相談についてお話ししたいと思います。30代後半の女性。「3人目の妊娠にトライするか、昇進を

誰がなんと言おうと、「私の人生はこれで良いのだ」。そんなふうに思えたら最高ですね！

取るかで悩んでいる。大きな決断をするときの決め手があれば教えてほしい。また、先生が何かを失った経験があれば聞きたい」という内容でした。

まず、妊娠か昇進かの悩みについては、「どちらかを選ばなくても、両方取りにいくようなトライをしてみてもいいんじゃない？　現実的に難しいのであれば、タイムリミットのあるほうを優先することになるかとは思うけれど、すでに二人お子さんがいらっしゃるわけだから、パートナーともう一度じっくり話し合ってみては？」とお答えしました。

ここでこの話を取り上げる理由は、ご相談の後半部分にあります。どちらかを選ばなくてはいけないときに、どのように決断するのか。何かを失った経験をしたときに、どう折り合って生きていけばいいのか。

私たちは、なんらかの選択を迫られる場面にしょっちゅう遭遇します。どちらかを選んだときに、もう一方を選ばなかったというできごとが同時に起こる。両方を同時に選ぶという選択はほとんどの場合、できません。だからこそ悩むわけです。

もしもあのとき、こっちじゃなくてあっちを選んでいたら……という想像は、誰しも一度はしたことがあるのではないでしょうか。でも、それって所詮、すべてが想像でしかない。

このご相談のケースでいえば、仮に昇進を選んだ場合、３人目の妊娠トライは無理だったというのは、想像でしかないんです。あとになってやっぱり昇進は諦めて３人目を産んでおいたらよかったと後悔するかもしれないけれど、妊娠にトライしても妊娠しなかった可能性もあるわけで、本当に３人目が産まれたかどうかなんて誰にもわからないのです。

そう考えると、想像にしかすぎないものを「失った」と思っていつまでも考えたり後悔したりするのって、本当に時間がもったいない。

ものごとを決断するときって、０か１かで決めなきゃいけないような気持ちになりますが、どちらもとれるようなあいまいな位置にいて、最終的にそっちになったよね、ぐらいの決め方も、全然「あり」だと思います。

むしろ、なんとなく自然にそっちに流れていったよねという進み方のほうが、結局こうなったよねという納得感が得られて、そこから先もものごとがうまく運ぶかもしれません。

私自身のことで、何かを失った経験をしたかと聞かれれば、自分のこれまでの人生全体をよくよく振り返ってみても、そんなに悪い選択じゃなかったなと思うぐらい、

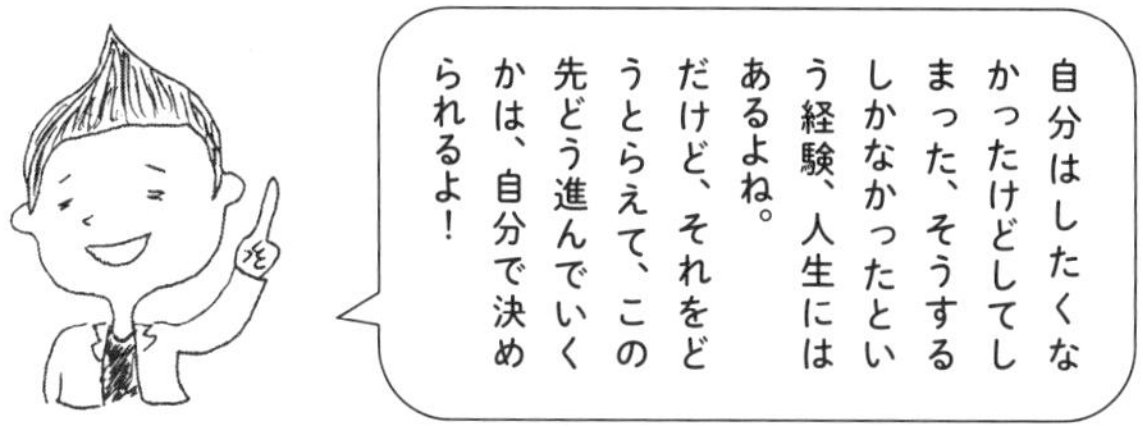
自分はしたくなかったけどしてしまった、そうするしかなかったという経験、人生にはあるよね。
だけど、それをどうとらえて、この先どう進んでいくかは、自分で決められるよ！

選ばなかったほうの選択肢というのは、忘れてしまっているんですよね。これぐらいのマインドでいられると、けっこう楽に生きていけるのではないかなと思っています。

私たちの人生は毎日がいろんな選択の繰り返しで、その日その日で選択が変わることもあると思います。そのとき、自分なりの何かしらの理由によってどちらかを選んだとしたら、その選んだほうを大切にする。選ばなかったほうは、忘れてしまうぐらいがちょうどいい。

そして、自分はいい選択をしたな、やっぱりこっちに進んでよかったなと思えるように歩いていくことのほうが、前向きな考え方ではないかと思っています。

おわりに

「からだの自己決定権」という言葉をお聞きになったことはありますか？　国連人口基金（ＵＮＦＰＡ）が発表した「世界人口白書　２０２１」において、からだの自己決定権とは、暴力を恐れたり、他人に決められたりすることなく、自分の身体に関することを自分自身で選択することと、その力を意味します。

つまり、自分の人生は自分で決められるはず。

でも、私たちの多くは、自分の人生を自分で決めているという感覚をもったことがないのではないでしょうか。

自宅近くの学校に通い、合格をくれた先へ進学し、内定をくれた先に就職する。

子どもをもつかもたないか、もつならいつごろ、何人、どのくらいの間隔をあけて持つか、本来であれば自分で決められるはずの大事なテーマについて、自分で、もしくはパートナーと考える機会ももたず、流れに身をまかせてここまで来た。

そんな方がほとんどなのではないかと思います。

誰かに決めてもらう、もしくはそういうものだからと受け入れる、そんな人生は、確かに楽かもしれません。でも、何かイマイチな出来事が起こったとき、それを自分のなかでどう消化するか、どう昇華させるか。

誰かのせい、では残念ながらきっと前に進めない。

だから、「自分で決める」という感覚が必要なのです。

自分で考え、自分で決める。多くの方が、もしかすると苦手としているかもしれない、「自分で考える」というアクションのためには、起きているできごとを「自分ごと」化する必要があります。普段から、さまざまな物事に対して、自分だったらどうするか、と考えてみるくせを持つといいかもしれません。

そして次に、考えてみたことを行動に移す、こと。「自分で決めた」の先には、自分が生み出した生活や環境、未来が待っています。

今回は母と娘の関係性にフォーカスし、それぞれの人生をそれぞれが決めて生きていくって、具体的にはどんな考え方が必要なのかについてお話ししています。

私たちひとりひとりが自分のからだや心の在り方を尊重し、自分の生き方考え方、選択を尊重し、そして自分に対してと同じようにまわりをも尊重することができたら、この国にはもっと自由でもっと生きたいように生きる女性が増えるはず。

そのためには選択肢があることを知ることが必要です。

自身のこれからには何を選ぶことが望ましいのかを考え、自分で決めてアクションを起こす。そんな力強さを持った母、娘が増えていく日本の未来のために。

2023年夏　高尾美穂

高尾美穂

たかお・みほ

医学博士・産婦人科専門医。日本スポーツ協会公認スポーツドクター。日本医師会認定産業医。イーク表参道副院長。ヨガ指導者。婦人科の診療を通して、さまざまな世代の女性の健康をサポートし、ライフステージに沿った治療法を提案。その過程で、患者の悩みや困りごと、さらには娘の心身についての悩みの相談を聞くことも。テレビや雑誌などメディアへの出演、連載、SNSでの発信のほか、アプリstand.fmで、再生回数1100万回を超える人気音声番組『高尾美穂からのリアルボイス』を毎日配信中。とくに、更年期の専門家として、女性たちの支持は非常に高い。著書は『いちばん親切な更年期の教科書――閉経完全マニュアル』(世界文化社)、『心が揺れがちな時代に「私は私」で生きるには』(日経BP)、『大丈夫だよ　女性ホルモンと人生のお話111』(講談社)、『オトナ女子をラクにする心とからだの本』『人生たいていのことはどうにかなる――あなたをご機嫌にする78の言葉』(以上、扶桑社)など多数。

娘《むすめ》と話《はな》す、からだ・こころ・性《せい》のこと

2023年9月30日　第1刷発行

著　者　高尾美穂

発行者　宇都宮健太朗

発行所　朝日新聞出版

〒104-8011　東京都中央区築地5-3-2

電話　03-5541-8814(編集)　03-5540-7793(販売)

印刷所　大日本印刷株式会社

ISBN 978-4-02-332292-9

女性の
人生年表
Q&A

◆

それぞれの年代で
起こりうること、
気をつけたいこと

◆

10代

Q. 娘が最近なんだか太ってきたようなのですが、食べすぎているようにも見えません。

A. 初潮の前には、脂肪量は増加するものです。心配しなくていいですよ。

Q. 娘の初潮、いつくるのかな……。

A. もちろん個人差はありますが、初潮の時期は平均して12歳前後です。

Q. 幼いころからきつい運動をしていると初潮が遅れるの？

A. 幼いころから、ある競技に取り組むジュニアアスリートの場合、十分なエネルギー摂取がない状態で競技を続けると、初潮がなかなかこないことがあります。日常的にスポーツをする娘さんは、15歳を一つの基準と考えて。

Q. いつまでに初潮がこなければ、病院に行ったほうがいいのかな？

A. 18歳になっても生理がきていなければ、一度（産）婦人科医に相談してください。

Q. 娘の月経周期がめちゃくちゃで心配。

A. 初潮から2、3年は排卵が安定しません。なので、月経周期も安定しないものです。この年代においてはそこまで心配することはないでしょう。

Q. 生理が止まってしまった娘。放置して大丈夫？

A. 安定しない年代だからこそ、大きなストレスや環境の変化、体重の減少などがあると生理が止まることがあります。心配であれば（産）婦人科を受診してみてください。

Q. 娘に好きな男の子ができたみたい。話しておくべきことは？

A. もう妊娠できるからだが準備されていることを伝えてあげてください。子どもを望んでいなくても、セックスをすれば妊娠が成立する可能性があるということを男性も女性も認識した上でセックスに臨むべきだよ、ということは話しておきたいですね。

20代から30代前半

Q. この年代では、女性のからだにはどんな問題が起きやすいですか。

A. 婦人科的なところでお話しすると、性感染症にかかる可能性が増えることに注意してほしいです。それから、キャリアを積み重ねたり、子育てに気持ちを集中したりしているうちに、自分の生理痛がつらいことを放置してしまって、子宮内膜症を発症しているということも起きがちです。
生理前の「イマイチな状態」によって、まわりの人とのコミュニケーションがうまくいかなくなって、悩んでいる人も少なくないです。

Q. ピルを使おうか悩んでいます。

A. まだ妊娠を希望していない場合には、ピルを使うメリットはいろいろあります。
例えば、月経周期が安定しますし、生理痛も軽くなり、経血の量も少なくなります。
生理前のこころの状態もよくなるはずです。選択肢の一つとして検討してみてもいいのではないでしょうか。

Q. まだ若いし、がん検診は受けなくてもいいですか？

A. 子宮頸がんには20代から、乳がんには30代から、かかる人は増えてきます。手遅れになって命を落とす人もいるので。1、2年に一度、必ず検査を受けて！　現在の医療では、子宮頸がんが、唯一予防できるがんといえます。ワクチンがあるので、ぜひ前向きに検討してみてください。

30代後半から40代後半

Q. そろそろ子どもがほしい。でも、キャリアを考えると一歩が踏み出せないんです。

A. 子どもをもつかどうかは、女性がひとりで悩むことではなく、パートナーと一緒に悩み、考えていくことです。妊娠・出産を織り込んだ自分の人生設計をパートナーと相談しながら前向きに決めていくことが大事です。

Q. 結局、子どもが生まれても、ほとんどの男性はキャリアに影響しませんよね。

A. 育児・介護休業法が改正されて、男性の育休を政府が積極的に推進しています。けれど、やっぱり人生は自分のもの。相談も協力もし合うけれど、私たち女性自身が自分の人生の舵を取っていくという意識をもちたいものですね。

40代後半から50代

Q. この年代で気をつけるべき婦人科の病気はありますか？

A. 子宮内膜症や子宮筋腫は、めずらしい病気ではありませんが、目立った自覚症状がないことも多く、婦人科健診と総称される子宮頸がんの検査や超音波検査などを受けたときにはじめて気がつく方がほとんどです。
ですから、年に1回、前年の子宮頸がんの検査で問題がなければ2年に1回は、婦人科のチェックを受けてほしいと思います。